直播营销话术
对消费者购买意愿的影响

曾文礼 —— 著

LIVE - STREAMING

THE ART OF SPEAKING

前言
FOREWORD

　　随着信息系统基础建设不断完善、移动互联日新月异，我国自2016年以来出现电商直播，现已发展成我国各个行业最常用的营销方式，越来越多的专家学者开始对直播进行研究。本书从消费者感知质量视角出发，研究电商直播中主播营销语言风格互动类型对消费者购买意愿的影响。

　　消费者购买意愿会受到外界各种因素的刺激，比如商品的介绍内容与展示方法、购物环境、服务质量、支付安全等，还会受到消费者自身性格、习惯等因素的影响。无论是线上还是线下，商家多采用不断改善商品推介方式、改变营销环境等措施来吸引消费者，从而影响消费者的购买意愿与行为。

　　以往关于电商直播对消费者购买意愿的研究更多集中于从消费者视角或者企业视角探究消费者认知与情绪、消费者信任与动机、消费者观看和参与行为，很少有针对电商主播语言风格的研究。而在电商直播的过程中，主播的语言风格在很大程度决定了消费者对商品的认知与感受，这个问题非常值得关注。

　　为了研究主播的语言风格如何影响消费者购买意愿，本书利用S-O-R模型、根据各个变量之间的关系将主播语言风格分为任务导向型话术和关系导向型话术两种类型，构建其对消费者购买意愿影响的模型。同时，引入感知质量（认知质量、情感质量）作为中介变量，因为其在主播话术影响消费者购买意愿过程中起中介作用；将产品类型作为调节变量，验证其在语言风格（任务型、关系型）影响消费者感知质量过程中的调节效应。本研究采用问卷调查法，由被调查对象观看直播视频与资料后根据实际感受进行填写，然后通过SPSSAU软件进行数据分析与检验，最后验证研究假设。通过分析，本书得出以下结论：

（1）电商主播语言风格对消费者感知质量（认知质量、情感质量）有正向影响。

（2）感知质量（认知质量、情感质量）对消费者购买意愿有显著的正向影响。

（3）产品类型（功能品、享受品）会调节营销语言风格，通过感知质量（认知质量、情感质量）的中介作用正向影响消费者购买意愿。

相较于关系导向型话术，针对功能品采用任务导向型话术进行销售，会对消费者认知质量影响更强，认知质量对消费者购买意愿有显著正向影响。因此，销售功能品时主播多采用任务导向型话术，着重介绍产品功能及售后等，更能提高消费者的购买意愿。相对于任务导向型话术，针对享受品采用关系导向型话术进行销售，会对消费者情感质量影响更强，情感质量对消费者购买意愿有显著正向影响。同时，享受品采用关系导向型话术进行销售对消费者认知质量的影响也比任务导向型话术的影响要大。因此，销售享受品时主播可尽量少用任务导向型话术而多用关系导向型话术，着重介绍品牌与个人使用心得等，更能提高消费者的购买意愿。在销售过程中，针对功能品与享受品采用任务导向型话术对消费者情感质量均没有显著影响，所以在功能品销售过程中主播适当增加关系导向型话术、交流品牌与消费心得等可影响消费者情感质量进而增强消费购买意愿。

功能品采用任务导向型话术进行销售对消费者认知质量的影响、采用关系导向型话术进行销售对消费者情感质量的影响均超过了享受品，说明直播环境下，消费者更容易被功能品打动，电商直播平台甄选商品时更适合选择功能品进行销售。

本书研究拓展了社会化购物中对于电商主播的"播"即营销语言风格的研究范畴，对主播营销语言风格进行拆解，融合了互动性理论与营销语言学，深化了对感知质量理论的理解以及消费者购买意愿影响因素的研究，填补了营销语言风格对消费者购买意愿影响的研究空白。任务导向型话术是主播以阐明、承诺、指令、比较类语言为主，通过陈述句式、疑问句式详细介绍产品的功能、售后等信息，以对产品了解的专业度促成销售。关系导向型话术是主播以表达、宣告、赞美类语言为主，通过祈使句式、感叹句式介绍品牌故事或主播个人心得体会，通过关系情感影响消费者购买意愿。

本书的研究成果具有通用性，适用于直播销售各种产品。研究结论突破常理却解释了现状，提出了很好的创新建议，对电商主播确定合适的营销互动策略具有重要的理论意义和实践价值，同时，为其开展营销语言风格选择与产品类型选择提供了很好的启示。

目录
CONTENTS

第1章　绪论……………………………………………1
　1.1　研究背景与问题………………………………1
　1.2　研究目的和意义………………………………28
　1.3　研究内容、框架与方法………………………31

第2章　文献综述与理论基础……………………38
　2.1　电商直播研究概述……………………………38
　2.2　S-O-R 模型概述………………………………51
　2.3　互动性相关研究………………………………54
　2.4　语言理论………………………………………63
　2.5　产品类型研究概述……………………………75
　2.6　感知质量理论…………………………………83
　2.7　消费者购买意愿理论…………………………93
　2.8　本章小结………………………………………99

第3章　研究模型与假设…………………………101
　3.1　研究模型构建…………………………………101
　3.2　研究变量的界定………………………………107
　3.3　研究假设的提出………………………………112

第 4 章　研究设计……………………………………118
　　4.1　实验设计……………………………………118
　　4.2　调查问卷设计………………………………120
　　4.3　实验及测量量表设计………………………121
　　4.4　预实验………………………………………138
　　4.5　正式实验……………………………………140

第 5 章　数据检验与分析……………………………141
　　5.1　数据分析方法………………………………141
　　5.2　调查数据样本分析…………………………143
　　5.3　信度与效度分析……………………………150
　　5.4　实证分析……………………………………154
　　5.5　假设检验汇总………………………………167

第 6 章　研究结论与展望……………………………169
　　6.1　研究结果分析与总结………………………169
　　6.2　营销启示与建议……………………………174
　　6.3　研究局限与未来展望………………………177

附录　预实验及正式调查问卷材料…………………181

致谢……………………………………………………188

第 1 章
绪　论

▶ 1.1　研究背景与问题

中国从 1994 年通过一条 64K 国际专线实现全功能连接国际互联网，不仅开启了我国互联网的正式运行，也成为我国数字经济、数字社会发展的起点。从 1998 年中国成功进行首笔电商交易，到现在电商在中国已发展了 25 年。近几年随着我国大力建设信息网络基础设施，积极拓展互联网资源，促进互联网产品及服务快速普及，尤其是 5G 技术日益成熟与运用，移动互联网普及率日新月异。而随着互联网技术的不断发展，直播行业也随之崛起。

目前，直播已成为各行业最大的营销亮点，直播产业取得了爆发式增长，同时，国家相关法律法规不断健全完善。网络主播在各个行业不断进行细分，比如电商主播、娱乐主播、体育主播等，电商直播融合了主播的专业性与平台的资源。尤其 2020 年新冠疫情暴发后，人们减少了社会活动时间，居家时间增加，消费从线下转到线上，直播、社区团购等新型电商模式被更多消费者采用。随着社会化新兴媒体快速发展，越来越多的企业将带有社交性质的直播作为一种重要的营销模式。直播作为一种新兴的营销模式成为当前营销手段的热点，短短几年异军突起，创造了前所未有的销售成果。目前各行各业基本都开设了直播，营销进入了全民直播时代,直播已成为各电商企业与品牌企业的主要配置。但由于直播发展速度太快,主播个人素质良莠不齐,营销语言零乱给消费者造成了不少困扰,从而影响了消费者的购买意愿。

中国各类企业如何在电商直播这个新的营销竞争环境下制定符合企业的营销策略,对提高企业竞争力具有重要意义。在直播环境下,主播采取怎样的互动方式应用于不同类型产品,进而影响消费者购买意愿非常关键,探讨其中的内在机理具有重要的研究价值。本节将对电商直播的现实背景和理论背景进行分析,并在此基础上提出研究的问题。

1.1.1 现实背景

(一)行业层面——电商直播时代到来

从基础设施的角度来看,随着国家的大力扶持,互联网基础设施建设不断加速以及信息技术的快速发展,中国电商在二十几年的时间里取得了突飞猛进的发展,网民规模快速增长,5G网络建设不断拓展。在不断深化建设下,截至2022年6月,我国的互联网接入端口达到10.35亿个,光缆线路长达5 791万千米,基站185.4万个[1],"县县通5G、村村通宽带"成为现实。5G网络在中国的应用日益广泛,快速向工商业、交通运输、医疗卫生、文化教育等领域推广。我国农村地区互联网普及率达58.8%,农村电商快速发展,打通了城乡消费循环,对农村发展有着积极作用。到2022年上半年,乡村网络零售增长了2.5%,其中农产品部分增长了11.2%[2],说明电商市场进一步下沉到三四级市场。

---

[1] 国务院新闻办公室.2022年上半年工业和信息化发展情况新闻发布会[EB].2022-7-19.
[2] 商务部.例行新闻发布会[EB].http://www.mofcom.gov.cn/xwfbh/20220714.shtml,2022-7-14.

从网民规模来看，根据 CNNI 中国互联网络信息中心于 2022 年 8 月发布的《第 50 次中国互联网络发展状况统计报告》显示，截至 2022 年 6 月，我国网站数量为 398 万个，网民规模达 10.51 亿，其中城镇网民规模达 7.58 亿，占网民整体的 72.1%；农村网民规模达 2.93 亿，占网民整体的 27.9%[1]。在 10.51 亿网民中，互联网普及率达 74.4%（见图 1.1）。

> **网民**：我国 6 周岁及以上居民在 6 个月内使用过互联网。
> **手机网民**：在前述定义的网民中使用互联网工具为手机的网民。
> **电脑网民**：在前述定义中使用互联网工具为电脑的网民。

图 1.1　网民规模和互联网普及率

数据来源：CNNIC 中国互联网络发展状况统计报告，2022 年。

从网民属性来看，目前我国网民性别比例和全国男女性别比例几乎保持了一致，网民性别比例为 51.7∶48.3。从网民年龄层面分析，20—29 岁、30—39 岁、40—49 岁这三个年龄段的比例相近，分别为 17.2%、20.3%、19.1%；三个年龄段总的比例为 56.6%，是网民的主要年龄群体，而 50 岁及以上网民群体占比仅为 25.8%。在网民使用的上网工具中，手机占到了 99.6%，为最主要的使用工具，而占比 33.3%、32.6% 和 27.6% 的分别是台式电脑、笔记本电脑

> **农村网民**：在前述定义中居住地为农村的网民。
> **城镇网民**：在前述定义中居住地为城镇的网民。

---

[1] 资料来源：国家统计局《第七次全国人口普查公报》。

和平板电脑[1]。坚实的信息网络建设基础、庞大的网民规模、全面的产业基础、数字经济与实体经济的深度融合、制造大国的产业体系和迈上新台阶的平台经济建设,支撑着我国电商行业向做强做优不断迈进。总而言之,互联网深刻改变了人与人之间的连接方式、社会群体的互动模式、经济增长的商业模式,产生了一大批新的基于互联网的商业模式,而电商直播就是其中最为火爆的一种新营销方式。

> **人均每周上网时长:**
> 网民一周七天平均每天上网的小时数×7天。

从网民活跃度来看,2022年上半年,我国网民的人均每周上网时长为26.5个小时(见图1.2),其中,移动网民人均单日使用App时长稳定保持在5.4小时,观看电商直播的每日使用时长同比提升33.1%,位列第一,用户黏性明显提升。社交电商人均使用时长同比增量位列第二。手机是我国网民的第一大上网终端,在抢占手机用户方面,各直播电商火力十足。月狐调研平台对网络调研以及通过其他合法授权收集的数据脱敏后形成的月狐调研大数据分

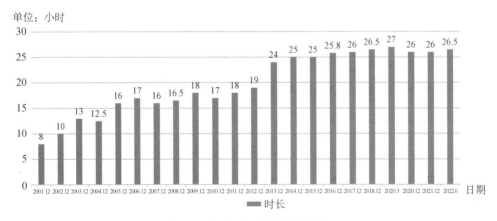

图1.2 网民人均每周上网时长

数据来源:CNNIC中国互联网络发展状况统计报告,2022年。

---

[1] CNNIC中国互联网络信息中心.第50次中国互联网络发展状况统计报告[EB].https://www.cnnic.net.cn/n4/2022/0914/c88-10226.html,2022-8-31.

析报告（数据周期整体时间段：2014 年 1 月—2022 年 9 月）显示，在直播用户规模上，腾讯系稳居第一，2022 年 9 月的月活跃用户数量（monthly active user, MAU）达 12.2 亿；而阿里系 MAU 增长速度最快，同比增长率达 14.9%；淘宝、拼多多、京东在月均日活跃用户数量（daily active user, DAU）和新增用户数据同比均取得不同程度的增长，其中淘宝 2022 年第三季度的月均 DAU 同比增加了 6 190.7 万；同期拼多多也获得了超 3 000 万的提升（见图 1.3）；快手持续加深对生活服务领域的渗透，MAU 同比增加 7 600 万，9 月末达 6.02 亿，移动端用户渗透率达 61.9%；"小红书" 2022 年第三季度渗透率超过 20%；抖音 2020—2022 年季度用户量级大多维持在 6 亿以上[1]（见图 1.4），人均单日使用时长高达 140 分钟，2022 年 "双十一" 期间，电商直播企业流量竞争达到白热化，移动购物 App 行业 DAU 均值达到 9.05 亿（见图 1.5），其中抖音系保持了最大的用户使用时长，占比达到 28.6%[2]。用户的高黏性使得各大电商直播平台有了更多流量变现的筹码，覆盖范围越

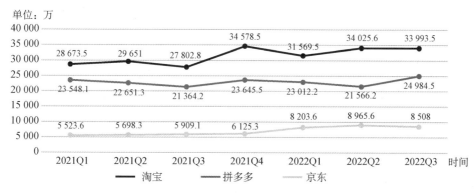

图 1.3 头部电商月均 DAU 变化

数据来源：月狐 App（MOONFOX App）。

---

[1] 2022 年 Q3 移动互联网行业数据研究报告［EB］. 月狐数据，2022.10.
[2] 同上。

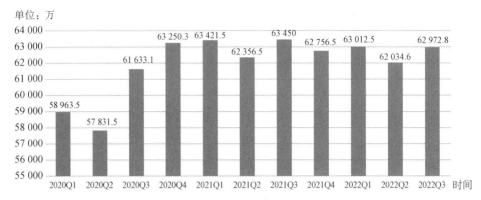

图 1.4　抖音季均 MAU 变化

数据来源：月狐 App（MOONFOX App）。

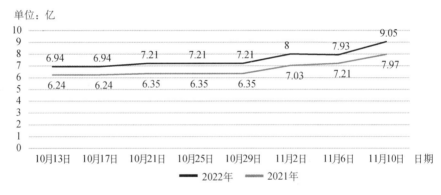

图 1.5　移动购物 App 行业 DAU 均值变化

数据来源：中国移动互联网络数据库，2022 年 11 月。

来越广。

从电商消费的角度来看，电商消费成为疫情下驱动消费的重要支撑。截至 2022 年 6 月，我国网络购物用户规模达 8.41 亿，占网民整体的 80.0%。网络消费金额在 2022 年上半年不断上升，其中上升速度最快的是食品和日用品。从全国 2022 年上半年的消费额数据中可以发现，总的零售额 6.3 亿元，其中实物商品达到了 5.45 亿元，两者分别同比增长了 3.1% 和 5.6%。2022 年上半年实物商品网上零售额较 2021 年同期增加了 2.2%，占社会消费总零售额的 25.9%。随着越来越多平台涉足电商业务，网络消费渠道多元化特征明显，网购用户的线上消费渠道逐步从淘宝、京东等传统电商平台向短视频、社区团购、社交平台扩散。2022 年上半年只在传统电商平台消费的用户占网购用户的比例为 27.3%，在短视频直播、生鲜电商、社区团购及微信等平台进行网购消费的用户比例分别为 49.7%、37.2%、32.4% 和 19.6%[1]。其中直播在网购消费用户中占最大比例。

从电商直播的角度来看，随着信息技术的快速提升，电商直播获得了非常大的突破。根据 CNNI 中国互联网络信息中心于 2022 年 8 月发布的《第 50 次中国互联网络发展状况统计报告》显示，截至 2022 年 6 月，我国网络直播用户规模达 7.16 亿，较 2021 年 12 月增长 1 290 万，占网民整体的 68.1%[2]，具体趋势如图 1.6 所示。其中，电商

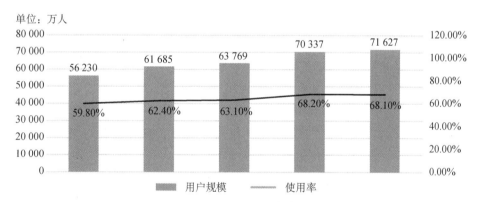

图 1.6　2020.6—2022.6 网络直播用户规模及使用率

数据来源：CNNIC 中国互联网络发展状况统计报告，2022 年。

---

[1] 国家统计局[EB].http://www.stats.gov.cn/tjsj/zxfb/202207/t20220715_1886422,html. 2022-7-15.

[2] CNNIC 中国互联网络信息中心.第 50 次中国互联网络发展状况统计报告[EB].https://www.cnnic.net.cn/n4/2022/0914/c88-10226.html, 2022-8-31.

直播用户规模为 4.69 亿，较 2021 年 12 月增长 533 万，占网民整体的 44.6%；游戏直播的用户规模为 3.05 亿，占网民整体的 29.0%；体育类用户规模 3.06 亿，占网民整体的 29.1%；综艺类用户规模 1.62 亿，占网民整体的 15.4%；个人秀用户规模 1.86 亿，占网民整体的 17.7%。

图 1.6 显示，截至 2022 年 6 月，我国直播用户规模及使用率基本保持增长的趋势，表明这几年我国直播行业在持续增长，直播平台紧跟时代变化，牢牢抓住用户的兴趣点，不断拓展优质内容，注入新元素，添加新的互动性玩法，总体显现出以下几个趋势。

> **圈层**：指因社会背景、兴趣爱好等相近而形成的特定社会群体。

> **亚文化**：指各种非大众化文化或者主流的派生文化，表现为相同属性人群的特定文化形式、内容与价值观。

（1）在文化方面，直播的社交属性催生文化圈层，促进了直播行业的迅猛发展。从个性化到圈层化，互联网文化不断满足网民精神需求，形成了不同的亚文化。从最早的 BBS、QQ 群到贴吧、微博、微信，再到现在的抖音、快手等，社交逐渐成为互联网特别是移动互联网的核心属性。我国 10 亿多网民因个性化的兴趣偏好体现出不同的互联网使用特点，在"社交+电商""社交+内容"等模式的助力下，形成一个个"情感共同体"，催生一个个细分的互联网文化圈层，形成了直播粉丝经济。在疫情背景下，网络直播应用在营销购物领域充分发挥作用。与此同时，直播技术的不断进步和监管体系的日趋完善，持续推动着网络直播各相关业态健康有序发展。

（2）在内容方面，现象级事件和文化内容成为直播平台的主要方向。疫情期间电商直播平台积极助力商家抗疫，对于受疫情影响严重的中小企业商户和特色农产品商户进一步加大帮扶力度。如快手针对受疫情影响严重的困难商家推出"暖春计划 2022"，减免商户推广服务费，并提供流量与活动扶持等激励政策。再如，抖音的"优质主播激励"包含了对民歌舞曲、民乐等 7 类直播的帮助，支持其创作，鼓励优质主播弘扬优秀传统文化。此外，疫情期间还涌现出了火爆全网的东方甄选、刘畊宏等现象级巨大流量直播间。

（3）在技术方面，越来越多的直播企业为优化用户体验，采用实时计算、虚拟现实等技术。中国信息通信研究院与腾讯云联合发布的《超低延时直播白皮书》指出，优化网页实时通信技术，即视频会议的核心技术，包括采集音视频、编解码、网络传输、显示等功能，同时采用了边缘计算技术对传统的 CDN（content delivery network，内容分发网络）架构进行改造，形成超低延时直播技术方案，将传统直播延时情况降低了 90% 以上。不断升级的技术，以交互性、创新性、高效性赋能电商直播，提升购物体验，例如，5G、8K、VR、AR（增强现实）和 AI（人工智能）科技带来了新颖奇妙的"云"购物体验，使直播购物更具沉浸感。英敏特咨询在《替代现实》（Alternative Realities）中提到人们使用替代现实技术实现了在虚拟空间的互动、娱乐和探索。未来元宇宙将进一步促进直播等体验经济，在元宇宙世界里，万物都可以是虚拟的，在直播间里的感知已经与现实接近，这样有助于品牌更贴近愿意为与众不同的体验而付费的年轻消费者。

（4）在国家政策支持方面，近年来国家连续出台各项政策鼓励电商直播行业发展，鼓励直播下沉市场，培育直播人才，同时加强行业规范，促进行业健康发展。2020年7月印发的《关于统筹做好乡村旅游常态化疫情防控和加快市场复苏有关工作的通知》，要求各地加强本村优秀直播员培养，通过与电商平台的合作提高乡村土特产的直播销售。2021年3月印发的《加快培育新型消费实施方案》，健全了标准体系，推动发布网络零售平台管理、零售直播等标准，加强新零售业态的建设，支持企业做直播，重视直播专业人员的培养，促进直播经济的发展。同年4月印发了《网络直播营销管理办法（试行）》，加强网络直播营销管理，对直播间运营者和直播人员的直播营销行为画出 8 条红线，促进网络直播营销健康有序发展。2021 年 10 月印发了《"十四五"电子商务发展规划》，推动直播电商、短视频电商等电子商务新模式向农村普及，鼓励发展直播电商、社交电商、农村电商等，健全和规范电商的行业标准。

（5）在行业监管方面，国家进一步完善电商主播行为和未成年主播的监管措施等。针对电商直播行业偷逃税问题，国家互联网信息办公室等三部门于 2022 年 3 月印发《关于进一步规范网络直播营利行为促进行业健康发展的意见》，有利于网络直播行业的规范健康发展。同年 5 月《关于规范网络直播打赏加强未成年人保护的意见》由中央文明办等 4 个部门发布，有利于未成年人网络环境的改善。针对电商主播行为规范缺乏统一标准的问题，国家广播电视总局等两部门于 6 月联合印发《网络主播行为规范》，规定了 31 类电商网络主播禁止实施的行为，有利于提高电商主播队伍的整体素质。

（6）在业态融合方面，各大电商平台发力直播，融合发展。直播短视频与电商进一步深度融合，短视频平台持续拓展电商业务，内容电商市场竞争白热化，"直播内容＋电商"的"种草"变现模式已深度影响消费者购物习惯。同时，各平台大力引进主播、吸纳粉丝，提高平台技术能力，打造主播和消费者之间的高效互动交流，不断做大直播市场。通过不断开拓新业务、新市场，各电商平台谋求聚集更多流量，实现新增长。零售业"人货场"中的"场"，对于各电商平台来说就是各个直播间，如何取得并保持直播间流量即留住"人"，是直播电商非常重要的环节。淘宝近两年加快直播电商内容化改造，通过打造站内内容社区、丰富站内社交互动玩法，为直播间吸引更多流量，实现消费者从"种草"到下单的全链条站内闭环；京东积极补齐直播业务短板，打造融合业态，完善自身业务

> **种草**：网络用语，指通过介绍与展示产品或服务的卖点与优势，分享评价推荐某种商品或服务，帮助其他消费者进行消费决策。

图谱。直播间内容化后,实现站外种草站内下单的闭环,在直播过程中以小游戏、商品分享、一键分享购物车等形式进行推动。

我们可以通过抖音、快手的电商直播领域数据,对电商直播的行业特征进行分析:2021年5月—2022年4月,抖音平台上每月有超900万场直播,售出超过100亿件商品,交易总额同比增长2.2倍[1]。2022年第一季度,快手电商交易总额达1 751亿元,同比增长47.7%,其中自建电商体系"快手小店"贡献了99%以上的交易额[2]。当下热门电商平台在直播、短视频等领域的投入越来越大,如淘宝、京东、天猫等,内容电商之间的竞争日益激烈。

> **KOL**:key opinion leader,即关键意见领袖,指在抖音、快手中持续发布内容,产生一定影响力的个人或者机构。

根据2022年2月QuestMobile研究报告,Quest-Mobile TRUTH BRAND品牌数据库、QuestMobile GROWTH用户画像标签数据库、QuestMobile TRUTH中国移动互联网数据库对指定周期内抖音和快手平台中活跃用户数大于500万的KOL的直播带货数据监测进行分析,得到以下一些发现。

(1)平台内观看直播的用户比例均保持上升趋势(见图1.7)。观看直播主力人群由40岁以下用户构成,且三线及以下城市用户表现活跃,直播下沉战略已见成效(见图1.8)。

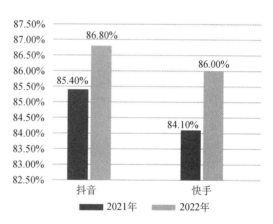

图1.7 抖音和快手观看直播用户占比对比

注:观看直播用户占比=平台中观看直播的MAU/平台整体MAU。

数据来源:QuestMobile TRUTH中国移动互联网络数据库,2022年2月。

---

[1] 2022抖音电商生态大会:做"全域兴趣电商",用责任守护美好[EB]. https://baijiahao.baidu.com/s?id=1734510937161357915&wfr=spider&for=pc,2022-6-2。

[2] 数据来源:快手2022年第一季度财务报告, https://ir.kuaishou.com/zh-hans/node/7171/pdf,2022-5-24。

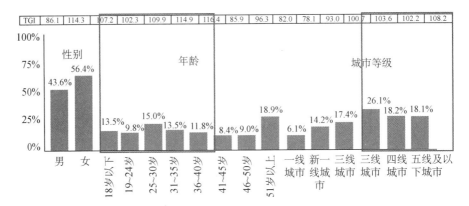

图 1.8　2022 年 2 月抖音和快手观看直播人群用户画像分布

注：TGI= 观看直播人群某个标签属性的月活跃占比 / 全网具有该标签属性的月活跃占比 ×100。

数据来源：QuestMobile GROWTH 用户画像标签数据库，2022 年 2 月。

（2）观看直播人群的核心消费关注点是时尚、价格、品质等（见图 1.9）。同时在美妆、食品饮料、母婴、家电 4 类典型的消费行业，商品布局与结构在两大平台中呈现出明显差异，抖音的商品广、场次多、单价低，快手则相

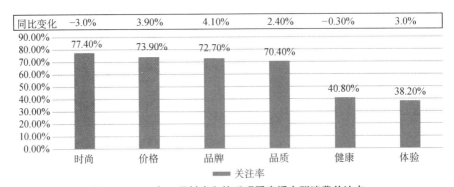

图 1.9　2022 年 2 月抖音和快手观看直播人群消费关注点

注：（1）消费关注点，是结合用户行为特征进行聚合计算所得的消费心理标签。例如，关注品质，指用户偏好奢侈品电商类 App 或小程序，或浏览购买品质商品；关注价格，指用户偏好优惠比价相关 App 或小程序，或浏览活动内容；关注时尚，指用户对时尚，穿搭，美容，服饰等内容的关注浏览或相关商品的浏览偏好；（2）同比变化 = 2022 年 2 月指标值—2021 年 2 月指标值。

数据来源：QuestMobile TRUTH BRAND 品牌数据库，2022 年 2 月。

反。从直播场次看，抖音的月直播场次为 5.1 万次，远高于快手的 2.2 万次，月直播商品数量 6.8 万个也远超快手的 2.7 万个，但月平均销售件单价仅 37.2 元，明显低于快手的 93.3 元（见图 1.10）。

直播商品数量/带货数量：以在抖音、快手直播间中的直播商品链接数进行统计。

图 1.10　2022 年 2 月抖音和快手典型消费行业直播电商数据对比

数据来源：QuestMobile TRUTH BRAND. 品牌数据库，2022 年 2 月。

（3）直播平台商品结构虽然呈现出差异化但基本还是集中在日用品的销售。研究报告表明，抖音成为快消品重要阵地，快手在美妆行业表现突出。抖音平台的食品饮料、美妆等产品销量已占据 74% 以上的市场份额（见图 1.11），其中休闲零食、方便速食类产品销量远超其他品类，单价 100 元左右的个护及生活类电器也在布局中（见图 1.12）。

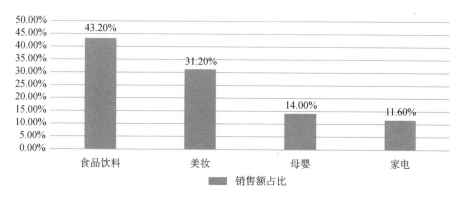

图 1.11　2022 年 2 月抖音典型消费行业直播销售额占比

| 直播营销话术对消费者购买意愿的影响

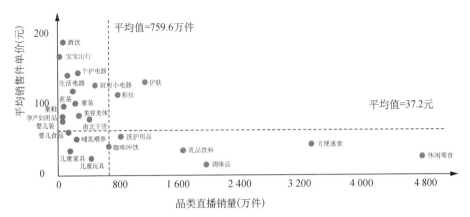

图 1.12　2022 年 2 月抖音典型消费行业二级品类直播表现

注：（1）直播数据统计范围，指定周期内，抖音和快手平台中，活跃用户数大于 500 万的 KOL 的直播带货数据；（2）典型消费行业，指美妆、食品饮料、母婴、家电行业；（3）平均销售件单价，指统计周期内，某平台平均每件商品的销售单价，即平台直播商品的总销售额除以平台直播总销量；（4）直播商品数量，以在抖音、快手直播间中的直播商品链接数进行统计。
数据来源：QuestMobile TRUTH BRAND 品牌数据库，2022 年 2 月。

快手平台中，美妆的直播带货表现强势（接近 70%），其销售额与其他品类差距明显（见图 1.13），单价 100—200 元的护肤类产品销量较其他消费品遥遥领先。值得关注的是，目前 4 个品类中定价在 200 元以上商品相对稀缺（见图 1.14）。

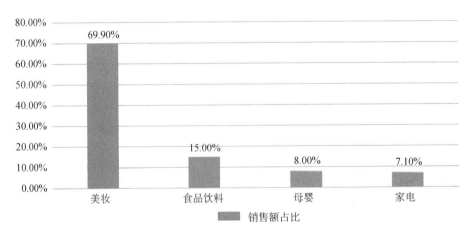

图 1.13　2022 年 2 月快手典型消费行业直播销售额占比

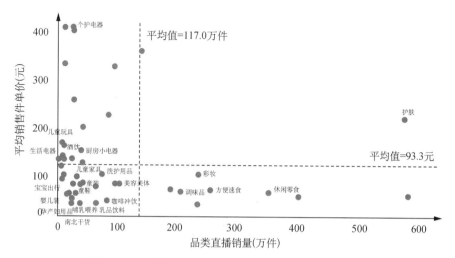

图 1.14　2022 年 2 月快手典型消费行业二级品类直播表现

数据来源：QuestMobile TRUTH BRAND 品牌数据库，2022 年 2 月。

根据 2022 年 11 月"双十一"电商直播销售数据显示，"双十一"当天共 3 477 个直播间同时开播带货 6.8 万件商品（见图 1.15），其中带货 TOP10 的品类集中在食品、美妆日用品等功能性产品领域，如图 1.16 所示。

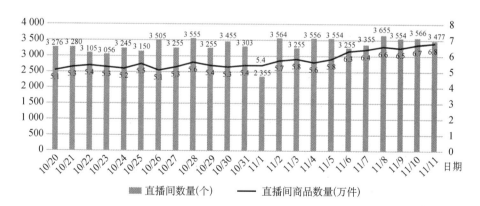

图 1.15　2022 年"双十一"期间抖音与快手平台直播带货情况

注：（1）数据时间为 2022 年 10 月 20 日—11 月 11 日；（2）直播数据为统计抖音和快手平台中去重活跃用户数大于 500 万的 KOL 在"双十一"期间的直播带货情况。

数据来源：QuestMobile NEW MEDIA 新媒体数据库，2022 年 11 月。

| 直播营销话术对消费者购买意愿的影响

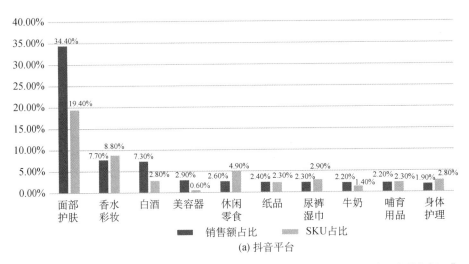

(a) 抖音平台

注：（1）数据时间为 2022 年 10 月 20 日—11 月 11 日；（2）销售额占比 = 该品类销售额 / 典型品类销售额 ×100%；SKU 占比 = 该品类 SKU 数量 / 典型品类 SKU 数量 ×100%；（3）所检测典型品类为美妆。

数据来源：QuestMobile NEW MEDIA 新媒体数据库，2022 年 11 月。

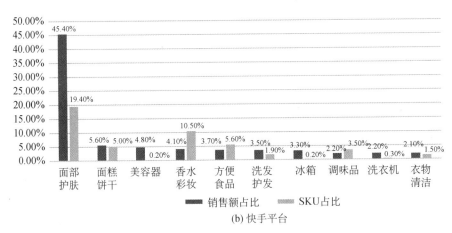

(b) 快手平台

注：（1）数据时间为 2022 年 10 月 20 日—11 月 11 日；（2）销售额占比 = 该品类销售额 / 典型品类销售额 ×100%；SKU 占比 = 该品类 SKU 数量 / 典型品类 SKU 数量 ×100%；（3）所检测典型品类为美妆。

数据来源：QuestMobile NEW MEDIA 新媒体数据库，2022 年 11 月。

图 1.16　2022 年 "双十一" 期间抖音与快手平台直播带货情况

（二）电商主播层面——电商主播的群体自画像

近几年电商直播不断创造销售奇迹，技术发展推动了电商直播时代，同时也涌现出了一大批有超强带货能力的主播。

电商主播是电商平台新兴的职业，随着直播用户规模迅速增长，电商主播正逐步将直播流量进行营销变现。根据2019年移动社交平台陌陌发布的《2019年主播职业报告》，从主播年龄来分析，电商主播整体年轻化，其中职业主播占比33.4%，同比增长2.4%，"90后"主播中职业主播占比为38.3%，95后主播中有将近一半是职业主播；从主播地域分布来分析，北方人在职业主播中占比最大，占比排序依次为黑、吉、辽、京、晋；从主播学历来分析，近一半为大专以上学历，其中研究生占25.4%；从主播收入层面分析，月收入过万的主播占比24.1%，其中"90后"月收入过万的占12.6%，"95后"月收入过万的占15.5%，同比均大幅增长。主播的学历与收入基本成正比，而且女性主播收入高于男性主播。从主播的职业认可度分析，社会对主播职业认可度在提升，69%的主播得到家人的支持，女性主播比男性主播更加受到社会的认可与支持，职业主播受支持的比重高于兼职主播，"90后"主播受认可度高于"80后"主播。

随着电商直播行业的快速发展，电商主播队伍不断扩大。一众专业主播，借助平台流量加上自身影响力以及策划团队的运营，创造了一个个令人惊叹的销售成绩。电商主播是直播行业的重要推动者，促进了直播经济的高速发展，孵化了电商直播行业整个产业链，衍生了视频编辑、内容制作、投手、运营等各种职业。

根据QuestMobile报告分析，抖音与快手各个类型KOL主播角逐直播市场，探索商业化路径，品牌自播逐渐成为消费企业新模式，企业与达人共建品牌直播矩阵。抖音直播中快消类产品需求密集，造成食品类KOL主播"扎堆"，竞争激烈。同时，虽然明星名人、时尚穿搭、种草等KOL主播数量低于整体平均水平，但带货能力显著。小众类 KOL 主播目前正处于激烈竞争混战状态（见图1.17）。快手平台中，以时尚类、生活类、美妆类 KOL 主播为销售主导，虽然食品类 KOL 主播占比最高，但带货效果略为逊色；同样，小众类 KOL 主播在快手平台内势头也不如其他 KOL（见图1.18）。抖音直播销售额主要由 100 万—1 000 万粉丝的腰部 KOL 主播带动，而快手的头部 KOL 主播直播带货效果显著，千万级粉丝数的 KOL 主播创造了七成的直播销售额[1]。

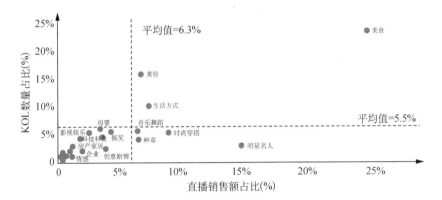

图 1.17　2022 年 2 月抖音不同 KOL 类型直播销售额与 KOL 数量分布

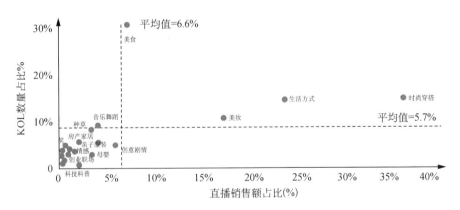

图 1.18　2022 年 2 月快手不同 KOL 类型直播销售额与 KOL 数量分布

---

［1］ QUESTMOBILE TRUTH BRAND［EB］.品牌数据库，2022.2.

疫情以来，电商直播主播的角色愈发丰富，既有明星名人带货，也有企业自己培养的主播进行自播。明星名人主播主要借助直播电商平台变现粉丝经济。此外，知识领袖型主播突破直播电商的瓶颈，如东方甄选通过中英文直播，成功打造了购物的同时享受学习乐趣的直播间，一夜爆火，并使新东方重新崛起。猫七七通过其个人 IP 成功打造新锐国货品牌黛莱皙，同时以母女搭档形式提升人群覆盖度。除了明星名人直播带货外，品牌自播也逐渐崛起，部分知名品牌、高端品牌入场，通过常态化直播低成本、可持续地形成品牌消费转化力。各大品牌以品牌自己的主播员进行自播为主，多账号细分品类运营，吸引高消费能力用户，同时加强与产品用户契合度高的达人进行合作带货，构建品牌直播矩阵，如小米凭借自身品牌知名度吸引大量用户，通过官方直播间实现消费转化，推广品类丰富，带货的效果非常明显。

> **品牌自播**：指在抖音、快手平台中，由品牌所在企业官方注册且运营的账号进行的直播。

2022 年"双十一"期间，两大直播平台主播竞争格局呈现出抖音较均衡、快手头部集中的现象，未来主播竞争格局还有很大变化空间（见图 1.19）。

电商的快速发展离不开电商专业直播人员的推动，但快速发展的同时也将一系列问题突显出来。比如，当人们点击观看直播，出现在直播界面的是几乎完全相似的"网红锥子脸"，主播语言内容是雷同的"照本宣科"，是机械的"宝宝们加个关注"。这样的直播购物环境极大地降低了用户的体验感，无法使用户产生兴趣。直播间的形象、主播个人形象在大众心中也被大打折扣。所以，当直播间用户增长数据下降、流量不能带来转化效果时，主播的话术互动能力这一核心竞争力是能将用户留在直播间的关键。

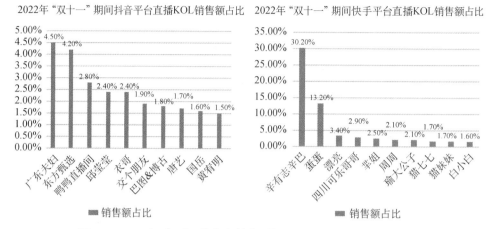

图 1.19 2022 年"双十一"期间抖音/快手平台直播 KOL 销售额占比

注：（1）数据时间为 2022 年 10 月 20 日—11 月 11 日；（2）销售额占比 = 该直播 KOL 销售额/该平台直播 KOL 销售额 ×100%；（3）所检测直播 KOL 为统计抖音、快手平台中，去重活跃用户数大于 500 万的 KOL 在"双十一"期间的直播带货情况。
数据来源：QuestMobile NEW MEDIA 新媒体数据库，2022 年 11 月。

（三）消费者层面——越来越习惯电商购物，同时消费更加理性

中国经济经历 40 多年高速发展，目前已经迈入高质量发展的新阶段。随着信息技术的发展，消费者越来越习惯电商购物，而整体收入水平的提高使消费者对商品标准提出更高的要求，消费日趋理性。中国消费者通过不同渠道了解产品信息进行购物已经形成了相对稳定的模式，根据英敏特咨询发布的《2022 中国零售洞察概览》，2021 年我国实物商品的线上零售额占社会消费品零售总额比重达 24.5%（见图 1.20）。尤其是近 10 年，互联网行业向移动端深入发展，对人们生活和工作都产生了非常大的影响，渗透到社会的各个方面。人们的购物方式、社交习惯、娱乐饮食形式等，在全面移动互联网时代有了较大的改变。英敏特/库润数据对 2 959 名过去 6 个月用过电商购物服务的 18—49 岁互联网用户进行调查，其中"请问您是在购买

以下哪类商品时用过电商购物服务"（多选题）这一提问的调查结果显示，消费者使用电商服务购买的商品涵盖了从食品饮料、生鲜蔬果到家电、汽车、本地生活等方方面面，基本上覆盖了社会的各个环节[1]。

图1.20　中国社会消费品零售总额和实物商品网上零售额2015—2021年

虽然市场需求受三年疫情的影响很大，但消费者疫情在家反而更加习惯了使用电商平台进行购物。据第三方数据平台星图数据统计显示，2022年"双十一"全网电商交易额超过1.15万亿元（10月31日晚8点—11月11日晚12点），与2021年"双十一"全网交易额9 650亿元相比，有超过13%的增长，其中直播电商同比增长146%，达到1.814亿元，占比接近20%。线上零售用户数量和使用率逐年增长，虽然线上渠道获取新用户的成本和难度越来越高，但从数据上看，网上销售的实物商品金额仍在继续上升，网络销售的各个品类还在持续增多。此外，中等收入群体数量增加、收入稳定增长，也在一定程度上刺激线上消费，扩大了消费需求，提升消费者购物体验成为强烈影响消费者购买意愿的关键。

---

[1] 资料来源：英敏特咨询，2022中国零售洞察概览。

从第六次全国人口普查的数据中可以发现，全国人口中"90后"人群占比14.1%，但"90后"网民数占总网民数的28%，远远超过了在人口总数中的占比。最后一批"90后"在2018年年末从未成年转为成年，已是互联网消费群体的重要组成部分。"90后"生活在物质条件丰富的时代，注重理性消费需求，对传统品牌意识较淡，因此提升其购物体验成为重要的营销策略，产品的创新、功能、品质、价格等是关键的维度。根据尼尔森的研究报告显示，59%的30岁以下新兴消费群体并不认同"贵的即是好的"的消费观念，他们更看重使用品质，也不太受到品牌的干扰，更倾向于根据自己的实际情况做出分析判断与选择。"90后"不但是电商直播面对的主要用户，也是目前主要从事电商主播职业的人群，直播时要注意对这个主力群体采取针对性的互动方式。30—39岁电商消费群对定制化和时髦的购物体验有更高要求，对于此类群体，直播时不妨考虑塑造深度个性化服务提供商的形象。而40—49岁的群体，对便利性有强烈的期望，购买风格更直接，直播时强调品质以及售后保障、采用更直接的营销话术进行产品推荐，是与该群体互动沟通的有效方式。

随着中国零售格局的持续变革，新玩家与新平台快速兴起，直播/短视频平台逐渐成为主流的购买渠道。相比于传统线下渠道，消费者更青睐在线上渠道购买产品。互联网直播或视频运营发展到一定规模后，可以运用品牌直播形成的私域流量大数据，将用户感兴趣的产品或者使用建议进行精准推送，同时通过私人喜好向粉丝传递情感需求，引导消费者兴趣，培育品牌忠诚度。随着人口结构的不断变化，深入探索细分人群如老年人、Z世代并贴合不同家庭结构的特定偏好是实现直播差异化的重要手段之一。

英敏特咨询在《体验至上》（Experience Is All）中指出，消费者渴望良好的购物体验，这使得品牌直播时不断地努力改善沉浸式直播体验以创造更多互动，希望与消费者建立更多的联系。英敏特咨询在《城市重生》中（Rebirth of Cities）指出直播间作为动态空间，正根据消费者的需求进行变化和转型，最大化自己的承载潜能，关注年轻一代的痛点，重塑空间，吸引流量，打造令人印象深刻的直播间。英敏特咨询在《回味过去》（Never Say Die）中指出，即使不能身临其境，通过主播的营销语言描述，消费者也同样能体验情怀，当消费者为国潮怀旧风买单时，他们其实是在内心将爱国情怀与产品需求联系在了一起。因此，进行直播话术设计时塑造全面的代入感格外重要。

疫情居家推动了直播体验经济的发展，消费者希望获得更好的购物体验。随着互联网技术发展，消费者网上购物动力越来越趋向体验感，目前产品因素正在逐步代替价格因素，未来体验因素将是主流，更适合的话术将给消费者带来更好的体验感。在这种发展环境下，选择哪种电商主播互动方式来获得消费者更多的青睐变得越来越关键。

所以，主播的价值在电商时代越来越凸显，作为企业和顾客之间重要的沟通中介，电商主播也越来越受企业重视。从行业背景来看，电商行业的持续发展、平台品牌的增多，造成各品牌的市场份额被不断压缩，在这种竞争激烈的大环境下，优秀的主播成为了企业吸引用户的有力保障。"直播+"给企业带来销售额的快速增长，也让企业对优秀主播的需求增加。企业需要不断探索新的销售增长点，加大创新力度，满足客户需求。从消费者对产品需求的角度出发，他们更希望获得良好的购物体验，能够真实地与销售人员进行互动，实现个性化购买。这些消费新需求，可以通过主播专业的话术与直播中的互动得以实现，让消费者沉浸在购物环境中，获得真实的消费体验。

随着直播在各行业的快速发展，电商主播在消费者心中认可度得到了快速提升。从消费者来看，消费者的需求随着时代的变化而发展，传统商品二维平面展示已经不能满足消费者需求，消费者更倾向于获得产品实物信息，真实、立体成为获得实物信息的关键。同样，消费者对购买服务也有了新的需求，希望进行互动，寄托与表达自己的情感。从电商主播的角度来看，主播的目的是满足消费者更多的消费需求，疫情期间，线上涌现了各种销售模式，主播在直播时的话术技巧与专业能力、团队配合、产品的选择到上架的支持运营也越来越专业，取得了长足的进步。

电商企业初期开展直播营销，通常是因为消费需求发生变化导致企业必须进行营销创新，现在电商主播已经成为电商直播企业的核心竞争力，主播的个人魅力加上吸引人的话术，让消费者有更大的兴趣购买主播推荐的产品。随着越来越多的人加入主播行业，大部分主播匆忙上岗，个人形象与话术日趋雷同，对产品的介绍比较固化，让消费者在观看直播中逐渐降低了购买的意愿。一旦消费者对直播购物兴趣降低，直播间的用户数量便会持续下降，直播间人数太少便导致消费者对主播不信任，如此恶性循环对消费者的购买欲望造成了较大的影响。

所以，电商主播需要从消费者购买意愿角度出发，针对不同类型的产品了解消费者不愿意购买的真实原因，对直播话术进行调整，采用更合理的直播话术来更好地发挥直播间主播的带货能力，以及对电商企业制定直播销售策略有着重要的帮助。

1.1.2 理论背景

在电商技术不断发展的背景下，无论是直播给消费者带来的直接体验感受，还是企业直播策略的呈现，或者购买商品的付款形式，都得到了创新发展。电商主播以专业的营销方式与个人影响力被消费者喜爱与追捧，成为消费者线上购物的帮手，满足了消费者消费升级产生的新诉求。但目前学界对于电商主播的研究较少，更多聚焦于消费者视角或者企业视角探究消费者感知价值、消费者信任与动机、消费者观看与参与行为、消费者购买意愿的影响作用等。

杨雨晴等（2015）研究发现，在观看购物直播时娱乐趣味性能让消费者有轻松愉悦的购物体验，增强了消费者的购买意愿[1]。方超（2018）探讨了电商直播平台主播采取交互性互动正向影响消费者的购买意愿[2]。吴冰和宫春雨（2017）研究了消费者的感知有用性，认为消费者对商品购买的意愿随着感知有用性增加而增加[3]。还有学者从电商主播作为网红或KOL的角度来进行研究。国外学者Flynn等（1996）认为KOL所提供的信息与推荐意见与所计划购买的产品直接相关，同时KOL并不代表商家，而是以消费者角色出现，相比企业主投放的广告来说，其提供的建议更容易被消费者信任，消费者更倾向于购买信任的KOL推荐的商品[4]。而GoldSmith等人（2003）认为意见领袖影响别人的方式多种多样，如分享好的商品、推荐服务、为其他人指引方向等，这些都会在商品搜索和购买等方面对消费者产生直接影响[5]。Gefen（2003）从电商平台相互交流和消费者对平台信任度的分析中发现，电商平台非常适合交流和信任感的建立[6]。消费者的购买意愿随着信任的增加

---

[1] 杨雨晴，姜漪，张奥，等."网络红包"营销模式及其影响研究[J].现代商业，2015,（32）：17-19.

[2] 方超.电商网络主播特征对消费者态度影响研究——基于交互性的调节作用[D].安徽大学硕士学位论文，2018.

[3] 吴冰，宫春雨.基于信息系统成功模型的电商直播研究[J].商业全球化，2017, 5（3）：37-45.

[4] Flynn L R, Goldsmith R E, Eastman J K. Opinoin Leaders and Opinion Seekers: Two New Measurement Sales [J]. Journal of the Academy of Marketing Science, 1996, 24(2): 137-147.

[5] Goldsmith R E, Flynn L, Goldsmith F E B. Innovative Consumers and Market Mavens [J]. Journal of Marketing Theory and Practice, 2003, 11(4): 54-65.

[6] Gefen D, Straub D W. Managing User Trust in B2C E-services [J]. e-service Journal, 2003, 2(2): 7-24.

而增加，这一结论也可以从 Koufaris（2002）关于消费者购买意愿和消费者的信任度研究中得到[1]。国内学者谭羽利（2017）以案例研究形式分析了 KOL 在电商直播中的影响力[2]。另一类研究主要集中于电商直播平台各类营销模式及发展策略的研究探讨，主要关注电商直播购物的销售促进效应，直播间的服务环境，直播内容、信息运营策略等的制定。毛亚玲（2017）采用案例研究的方式，通过对天猫直播平台进行分析，探索电商直播的营销模式及未来发展策略[3]。此外，还有关于传统营销语言学及基于语用预设视角下的营销语言达到营销效果的研究。刘佳琳（2018）通过大量问卷调查和数据分析，在传播学方向研究了消费者在观看购物直播后的实际状态[4]。

总体来说，现有直播购物的相关文献研究中缺乏对电商直播环境下主播自身的深层次探讨，鲜有涉及主播话术互动风格及其作用机理的研究。

1.1.3 研究问题

根据以上分析可知，在移动互联网时代下，尤其是经历了三年居家后，目前中国消费者通过电商平台进行购物的习惯得到了普及。随着线下渠道逐步萎缩，线上各电商平台竞争达到了白热化。传统的购物模式是观看静态的主图、详情页与产品视频，让消费者感觉很枯燥，已经不能

---

[1] Koufaris M. Applying the Technology Acceptance Model and Flow Theory to Online Consumer Behavior [J]. Information Systems Research, 2002. 13(2): 205-223.

[2] 谭羽利. 传播学视阈下的"直播+电商"模式——以聚美优品直播业务为例 [J]. 北京印刷学院学报, 2017, 25（1）: 20-26.

[3] 毛亚玲. 移动互联网时代品牌直播营销的现状及发展策略研究 [D]. 河北大学硕士学位论文, 2017.

[4] 刘佳琳. 传播学视域下的电商直播研究 [D]. 南昌大学硕士学位论文, 2018.

满足消费者对体验感的新需求,只会码字的线上客服沟通模式极其生硬,响应速度慢,无法当面生动展示解决问题的方案,保障有效服务。而电商直播时主播的真情实感和极强的互动都会让用户身临其境、沉浸其中,在直播带货销售过程中也同时宣传了品牌,传播效果好。由于进入直播行业难度小,产品销售流转快,所以"直播+"成为企业销售产品的重要平台。电商企业的发展离不开电商直播和电商主播,电商直播创新了销售模式,电商主播带来了销售新高点。在整个直播环节中,激发消费者购买意愿的关键是电商主播的话术技巧。主播通过自己对产品全方位的了解和自己拥有的专业知识,通过一定的话术技巧为适合购买该产品的购买人群推荐相关的产品,帮助用户规划消费决策。对于拥有个人魅力、专业知识丰富的主播而言,在直播中更容易吸引消费者的关注,从个人品牌背书到对产品亲身体验后向消费者分享自己的使用心得,加上对产品贴切的描述和卖点的推荐,对消费者热心的指导,能很快得到信任,促进消费购买。

  相比传统的电商模式,新的直播电商模式让消费者在观看直播同时,实时发送自己想要了解的产品与服务问题,主播也能及时给予回复。这样的直播互动模式增加了消费者对产品的了解度,有购物的真实感及人与人之间交流的亲切感。直播过程中,消费者能够随时发表自己的看法,与主播进行讨论分享。传统电商模式是静态的文字与图片,而新的电商直播则是有声音、有画面、有动作的真人导购,消费者专注于当前的直播并随时互动,一方面增加了消费者对当前直播产品的信任度,另一方面也让消费者得到了尊重与满足。相比传统电商,消费者更容易被直播吸引,从而购买产品。所以,对于新的电商直播模式,主播的带动性有着非常重要的作用。

  不同于传统电商和线下购物环境,直播购物把现实生活中的社会化媒介运用到当前的直播销售产品过程，直播销售时具有实时性、虚拟性和社交性。当具有相同需求的消费者共同观看同一场直播时，虽然无法接触到实际产品，但能看到实物与主播表情，听到主播的讲解，消费者购物决策的制定更依赖于直播主播的"播"。不同类型的产品在不同主播的话术互动方式下引起消费者购买意愿不同，因此企业做销售策略时，会很大程度地比较不同话术的优劣。而消费者在直播中做消费决策时，对不同类型产品也有着不同的关注点。有效的研究结论有助于指导主播针对不同产品类型有策略地选择合适的话术进行直播销售。因此，本研究尝试探讨企业的主播如何应用不同的话术销售不同类型的产品，从而提高消费者购买意愿。

▶ 1.2 研究目的和意义

1.2.1 研究目的

从研究背景可以发现，电商主播话术在直播时具有关键作用，可以直接影响消费者对产品的购买意愿，通过对主播话术的研究能更好地制定合适的营销方案。本书通过探讨主播话术对消费者购买意愿影响的机制，为电商主播和电商企业找到关键性的影响因素并提供合理的建议。

基于此，本书利用了 S-O-R 模型（刺激—机体—反应）、互动性理论、营销语言学理论、产品类型理论、感知质量理论、消费者购买意愿等进行分析，就相关概念做了更为明确的分类总结，通过问卷调研和实证分析的研究方法，对理论模型与假设进行验证，论证了在直播平台中主播的话术互动类型（任务导向型话术与关系导向型话术）在电商企业不同类型产品的调节作用下，影响消费者观看直播过程中的购买意愿以及影响因素之间的内在关系。本研究希望达到以下的目的。

（1）研究在直播情境下，主播不同的话术互动类型是否会影响消费者感知质量（认知质量、情感质量）；两种感知质量是否会随着主播话术互动类型的不同而有所不同。

（2）分析直播过程中消费者购买意愿是否受消费者感知质量的影响，以及这种影响机制是如何作用到消费者的。

（3）探讨在直播情境下，主播话术通过感知质量中介作用影响消费者购买意愿的调节作用与内在机制，帮助企业选择合适的主播话术互动方式。

1.2.2　研究意义

当前各电商平台与品牌企业的营销模式中都将直播作为刺激业务增长的新动力，电商主播则是电商直播过程中促进消费者购买意愿的核心基础。电商主播通过不同的话术类型影响消费者的认知质量与情感质量，改变消费者认知与情绪上的内在状态进而影响其后续一系列购买意愿。

因此，想要研究影响消费者购买意愿的关键因素，发现其中的影响机制，关键在于研究主播的话术，分析这些话术如何作用于消费者。针对电商主播话术对消费购买意愿影响作用的研究，延展了直播购物中主播的"播"（话术类型）的研究范畴，融合互动性理论与营销语言学拆解了直播话术、丰富了感知质量理论的理解，加深了消费者购买意愿影响因素的研究，对电商直播主播制定合适的话术互动策略具有重要的理论意义和实践价值。

（1）理论意义。在查阅相关理论文献中发现，目前大量针对网络主播、互联网直播的分析中对于直播话术的研究较少，尚处于空白。而关于直播的研究方向主要集中在消费者方向，从企业角度出发探究消费者感知价值、消费者信任与动机，消费者观看与参与行为，消费者购买意愿的影响作用等。另一类研究主要关注电商直播购物的销售促进效应，直播间的服务环境，直播内容、信息运营策略等的制定，集中于电商直播平台的各类营销模式及发展策略的研究探讨。此外，还有关于传统营销语言学及基于语用预设视角下的营销语言达到表达效果的研究。从电商主播话术这一角度探讨其话术对消费者购买影响作用的研究则少之又少。

本书采用 S-O-R 模型对直播过程中主播话术对消费者购买意愿影响进行分析，认为电商主播话术之所以能影响消费者购买意愿是因为消费者观看电商主播话术的过程中，在不同产品类型调节下认知质量与情感质量不同，从而产生不同的购买意愿与行为。以此研究作为背景，本书构建了电商主播话术和消费者购买意愿之间的模型，通过查阅文献与调查研究的方式获取数据，然后对数据进行实证分析，验证研究提出的相关假设。

综上所述，本书阐述并区分了电商直播情境下电商主播话术、不同产品类型调节作用、消费者感知质量状态，以及消费者购买意愿的概念、内涵和维度，深化了电商直播情境下主播话术互动类型与营销语言学的结合，探索了消费者感知质量与影响消费者购买意愿的因素。在研究过程中，本书对影响因素的测量工具做了创新，相关知识结构随着创新有了扩展。同时通过对数据的实证分析，从数据角度验证了电商主播话术和消费者购买意愿的内在影响作用，找到了影响机制，丰富了当前直播和消费者购买意愿研究理论，填补了在直播话术研究上的空白，对消费者购买意愿理论体系有着积极的促进作用。

（2）实践意义。随着 5G 技术的成熟，2020 年开始的疫情进一步催化了电商直播，几乎所有企业都已利用直播来开展营销活动，电商直播成为各企业最重要的营销标配。直播在短短数年间创造了许多销售神话，引流是所有电商平台的重要目标，电商主播是最直接与用户接触的线上导购，是直播营销环节最重要的因素，受到企业的高度重视，加上网红达人和头部带货主播的强大个人影响力和带动效应，吸引了无数人才转行电商主播。然而短期内快速培养成长的电商主播质量参差不齐，了解一些基本知识后就匆忙上岗，对构成影响消费者购买意愿的各种因素没有详细分析与提炼，造成了主播间相互模仿，话术同质，普遍缺乏专业知识与互动技巧，直播效果不理想，无法影响消费者购买意愿。因此本书从主播话术影响消费者意愿的内在机理入手进行实证研究。

希望通过本研究可有效帮助电商企业根据不同的产品类型采取不同的话术策略来促进消费者购买意愿，有效推广产品、服务顾客、促进销售、提升企业业绩。

1.3 研究内容、框架与方法

1.3.1 研究内容

随着互联网直播经济的发展，电商直播平台中主播话术对直播效果的影响越来越明显，成为吸引消费者并实现销售购买转化的关键。所以本书从主播话术对消费者购买意愿影响的内在机理予以探讨，其研究结果将有助于电商主播在推荐不同类型产品时采用不同的话术，根据不同的产品特点促进消费者购买意愿，最终将消费者意愿转化为消费行为。为了研究主播话术对消费者购买意愿的内在影响机制，本书引入 S-O-R 理论作为研究基础，从理论角度出发，将主播话术分为任务导向型话术与关系导向型话术，研究企业不同类型的产品（功能品、享受品）如何选择相匹配的直播话术互动以提高消费者购买意愿；探究感知质量（认知质量与情感质量）能否作为主播话术和消费者购买意愿之间的中介变量，在此基础上构建本研究的理论模型，提出关系假设，然后通过文献法、问卷调查法收集原始数据，从数据中验证变量之间关系及影响路径，实证检验电商主播话术对消费者购买意愿影响作用的内在机理，验证假设，明确主播话术和消费者购买意愿之间的关系。

1.3.2 研究框架

本研究包含六章。

第一章，绪论。以"电商主播营销话术对消费者购买意愿影响作用"的理论与实践研究背景为出发点引出研究的问题，阐述本书的研究框架结构、研究方法、研究目的及意义、技术路线、创新点等。

第二章，文献综述与理论基础。在结合本书研究问题的基础上，文献综述部分梳理了有关 S-O-R 理论、电商与直播、互动性理论、营销语言学、产品类型、感知质量理论、消费者购买意愿等方面的研究，以这些文献为本书提供理论基础，并在此基础上搭建模型，提出假设，保证研究的合理性。

第三章，研究模型与假设。通过对现有电商直播理论进行研究并对当前直播营销实际情况进行观察，引入 S-O-R 理论对电商主播话术如何影响消费者购买意愿做出分析，搭建理论框架；针对不同产品类型调节下不同主播话术互动类型如何通过感知质量的中介作用影响消费者的购买意愿，提出三个方面的关系假设。

第四章，研究设计。本章节基于研究的理论模型和关系假设，将电商直播话术、产品类型、感知质量和消费者购买意愿作为研究对象，选择合适的研究方法。采用文献法对相关理论做了梳理，搭建起理论基础；采用问卷调查法，结合成熟量表与现实状况设计测量量表进行调研，获取最新的一手数据；采用实证分析法，分析数据并对假设进行验证。

第五章，数据检验与分析。本书采用问卷调查法获得第一手最新数据后，将获得的数据运用 SPSSAU 软件进行检验。第一步将原始数据进行汇总分析，剔除无效问卷后得到有效数据。第二步检验数据的信度和有效性，为后面数据分析打好基础。第三步对数据做结构方程回归分析进行假设验证，并做 Bootstrap 中介检验与层次分析调节检验。

第六章，研究结论与展望。通过实证分析，对本书研究过程与假设验证进行总结，说明研究中的创新性和局限性，对电商直播营销模式提出可行性的建议措施，并对未来研究进行展望。

根据以上六个章节，本书形成的研究框架如图 1.21 所示。

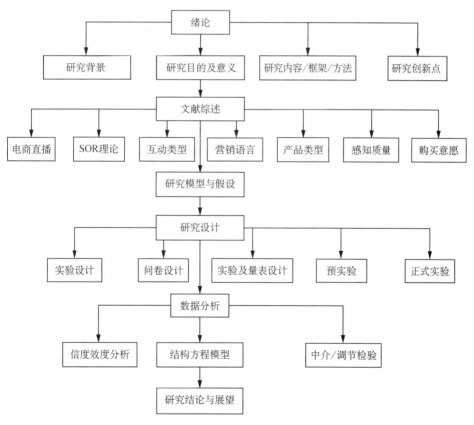

图 1.21　研究框架

1.3.3 研究方法

本研究综合运用定量和定性的分析方法,通过理论研究法提供本书的理论基础,通过文献搜索法对当前互联网直播研究方向进行探究,通过问卷调查法获得了大量最新的真实数据,从实践观察到理论研究,对直播营销有了更深入的理解,在此基础上搭建研究模型,提出相关假设。在实际问卷调查前编制测量量表,进行模拟调查后再开展正式问卷调查。调查后对获得的有效数据先进行统计性初步分析,然后再进行实证分析,对做出的假设进行验证。

(1)文献研究法。通过梳理国内外学者的相关研究,从电商直播、S-O-R模型、互动性、营销语言学、产品类型、感知质量、消费者购买意愿等研究方向进行回顾与总结,为本书提供研究理论基础。

(2)实验室实验法。本书将"S-O-R"理论作为建模基础,搭建了主播在介绍不同产品时使用不同话术对消费者购买意愿影响内在机制的模型,并对模型做出了相关假设,通过有效的实验材料、实验分组与实验设计获取实验数据并分析变量之间的关系,验证话术类型对消费者购买意愿的相关假设和感知质量的中介影响,以及产品类型的调节影响。

(3)问卷调查法。借鉴李克特5点计量尺度,本书对此次问卷调查做了三部分设计,让获得的数据更准确有效。首先是对被调查者基本数据的收集及有效样本数据的筛选;其次是通过使用初步确定的实验材料进行预实验,小范围模拟调研,然后不断优化实验设计方案与实验材料,确定实验的科学性;最后是消费者在直播过程中购买意愿的数据分析,通过对消费者的感知、情绪、状态、认知的测量,使用相关数据来判断消费者购买意愿,得出研究结论。

(4)结构方程模型分析法。通过问卷调查获得原始数据后，首先对被调查对象进行描述性分析，然后将原始有效数据运用 SPSSAU、SPSSPRO 等软件进行统计和处理，通过数据处理软件做信度、效度和因子分析，构建结构方程模型进行模型拟合与路径拟合，通过回归系数与统计性检验验证假设，最后进行中介效应检验与调节效用检验。

1.3.4 研究的创新点

本研究将直播话术互动方式分为任务导向型和关系导向型，将产品类型分为功能品与享受品，将消费者感知质量分为认知质量和情感质量。通过对当前电商直播大环境的研究，探索主播在直播中介绍不同产品时运用不同话术对消费的感知质量变化和购买意愿变化的内在影响机制，感知质量作为影响消费者购买意愿的中介变量，产品类型作为影响感知质量的调节变量。主播在不同产品直播过程中通过话术与消费者进行互动，影响消费者感知质量，从而影响消费者购买意愿。

具体的研究创新点如下：

（1）研究对象创新。相较于传统的电商营销模式，电商直播开始于 2016 年。从目前参考文献看，电商直播相关的研究较少，而对于电商直播中主播与消费者的话术互动，通过不同的话术影响消费者感知质量从而影响购买意愿的研究更少，基本尚属空白。随着电商直播的兴起，越来越多的学者关注到电商直播这一领域，本书通过研究电商直播主播的话术这一热点，从营销语言学、互动理论角度分拆营销话术并分析不同话术的影响，进一步扩展了互动性相关理论，具有一定时效性和新颖性，填补了直播领域在话术互动营销研究的空白。直播过程中的任务导向型话术互动是指主播以阐明、承诺，指令类语言为主，通过陈述句式、疑问句式、比较类营销语言等详细介绍产品的功能、售后等信息，以对产品了解的专业度促成销售。关系导向型话术互动是指主播以表达、宣告类语言为主，通过祈使句式、感叹句式、赞美类营销语言介绍品牌故事或主播个人心得体会，通过关系情感影响消费者购买意愿。

（2）研究视角创新。通过梳理文献发现，当前对语言学的研究主要集中在传播学方向，对营销语言学的研究主要集中在广告学方向，而对电商直播的研究大多数集中于直播 KOL、未来直播发展方向、电商直播的模式、消费者在直播中的实际情况等。再继续深入探究电商直播具体层面，特别是主播在销售不同类型产品、运用不同的话术互动方式影响消费者购买意愿方面的研究，尚处于空白阶段。研究不同的主播话术类型、不同的产品类型的调节作用和不同的感知质量（认知质量与情感质量），更能直观地发现消费者在观看直播过程中和主播情感上的互动，更清晰地说明了主播的不同话术对消费者消费意愿有着影响。同时，采用产品类型作为调节变量，可以拓展话术互动研究的范围。本研究的结论不仅适用于本书的实验物，也适用于直播环境的其他商品，具有很强的通用性。

（3）研究机制创新。本研究的结论突破常理，但又解释了直播营销环境的现象，与实际直播营销的现状相符。基于此，本书对企业制定直播营销话术提出了三条具有价值的指导建议：

① 直播平台销售时选功能品。享受品无论用关系导向型话术还是任务导向型话术对消费者购买意愿的影响都小于功能品，怎么卖也卖不过功能品，2021 年"双十一"TOP10 的品类全部是日用品及快消品，是一个很好的现状反映。（在 H2d3 不成立时发现）

② 销售享受品时要用关系导向型话术，用任务导向型话术对感知质量没有作用。（在 H1b、H1e、H2b2 假设不成立时发现）

③ 销售功能品用任务型话术，如果加强一些关系导向

型话术将影响消费者的情感质量进而促进消费购买意愿。（在 H1b、H2b1 假设不成立时发现）

以上结论是在三条假设不成立时的发现，相比其他正常假设的验证成立，突破了常理却又符合现状，解释了直播市场的现象，具有一定的应用指导价值。

第 2 章
文献综述与理论基础

本章将围绕直播营销话术对消费者购买意愿的影响"对目前已有研究和相关理论的文献进行整理，以电商、电商直播、S-O-R、互动性、营销学语言、产品类型、感知质量、消费者购买意愿等为关键词在中国知网、万方、维普等可以查阅文献的国内外数据库中进行搜索，分析不同专家学者在电商直播方向上对营销语言、互动类型、产品类型、认知质量、情感质量、消费者购买意愿的研究成果。通过了解不同专家学者的文献资料，对电商直播相关理论做了归纳总结，从主播营销语言风格这个细分点切入，厘清理论脉络，确定理论基础，为本研究提供理论支持。

▶ 2.1 电商直播研究概述

2.1.1 电商平台发展概述

随着 5G 技术日益成熟，智能手机基本覆盖国内消费人群，中国各类电商平台取得了突飞猛进的发展，电商在社会零售总额中的占比越来越大，各类电商平台层出不穷。我国目前已拥有超过 5 000 个电商平台，根据各自不同的细分市场与特征，分为传统型电商，如京东、天猫、唯品会、苏宁易购等；社交型电商，如拼多多等；还有新媒体直播电商，如抖音、快手等；新媒体兴趣型电商，如小红书、B站等。此外，疫情催生了社区团购电商平台，如美团到家、叮咚买菜等；还有企事业单位自建商城与积分兑换的电商平台，如华为商城、小米有品、银行及航空网站积分兑换平台等。

从当前各平台的营销方式来看，电商平台主要分为传统电商营销模式和社交电商营销模式。电商直播是企业与消费者之间、消费者与消费者之间通过互动、利用社交关系网为电商平台吸引流量实现销售，是典型的社交电商营销模式。随着电商时代高速发展，传统电商营销模式越来越难以吸引消费者，流量逐步枯竭，各个平台之间竞争激烈，新的社交电商营销模式有效地解决了传统电商获客成本高、公域流量转私域流量难、销售转化率低下的情况。

关于社交电商，目前专家学者的定义是：基于社会关系网络，利用互联网平台的各种社交沟通软件工具，从事商品或服务的企业营销行为，是新型电商的重要表现形式[1]。

社交电商模式主要分为：拼购型、内容型、会员制社交电商三类[2]。

第一种是拼购型社交电商，采用拼团、砍价方式实现销售，目前比较有代表性的拼购型社交电商有拼多多、京喜（京东旗下平台）。

其中最有代表性的是快速崛起的拼多多，在开放式平台淘宝与垂直型平台京东两种模式之外，开创拼购型营销，进入电商行业之初就以中国最大的社交平台微信作为主要渠道，采用消费者将需要购买的商品转发分享至微信等社

---

[1] 谭羽利.电商直播中意见领袖对消费者购买意愿的影响研究［D］.北京印刷学院硕士学位论文，2017.
[2] 摩根频道.细数S2B2C模式社交电商三宗罪［EB］.钛媒体公众号，2019-08-28.

交媒体进行拼团、砍价的方式快速裂变，下沉市场用户，通过极低的拼团价和高频次消费必需品获得更多的消费者下载，从而完成消费购买。

第二种是内容型社交电商，可以划分为分享型、直播型和视频型三种不同类型，主要是根据内容的表达形式不同来进行划分。

（1）分享型。

这类电商在国内的 App 最早是从"美丽说""蘑菇街"等导购软件开始，消费者在这些软件平台上分享自己的购物体验。当时阿里淘宝客信息开放，让擅长服装搭配的达人积极在这些导购平台上传自己的"作品"，分享时尚穿搭、商品使用感受等。达人会在自己分享的作品下附上相关产品链接，当消费者被达人分享的作品吸引，在达人分享的链接中购买产品时，达人可以获得一定比例的分成。随着分享平台的发展，跨境电商的购物平台也开始采用相似模式，如小红书就采用相似的分享链接拓展业务。

（2）视频型。

这类电商目前主要是在哔哩哔哩、抖音、快手等视频软件中，将各种标签用户聚焦于几大视频内容平台，利用视频内容进行引流，并将其巨大的流量进行变现。

（3）直播型。

电商直播是依托现有的直播技术，通过直播过程将消费者和企业联系起来的新型销售方法。当下国内的主流直播平台有抖音直播平台、快手直播平台以及淘宝、天猫直播平台。相较于传统电商营销模式，直播营销模式对网络技术要求更为严格，图片视频也更加复杂，但在电商营销过程中的消费者体验效果最好。从静态的图片到主播对产品详细的讲解和实时互动，在人、货、场三个方面为消费者带来了更真实的消费体验。在营销人员方面，主播在直播过程中通过营销话术、个人形象、直播间背景等在专业度、可信度、亲切感方面打造主播独特的魅力标签，是增强用户黏性的重要因素。在产品方面，电商直播上架产品一般都是经过运营团队选品，筛选出的有一定竞争力的商品通过直播间专供或有限时间内价格专属优惠的紧张感，激发消费者购买意愿。在营销环境方面，无论是工厂生产车间的现场直播，还是服饰试衣间的直播、农产品原产地直采的直播、现场食品的吃播，甚至国外商场的现场商品讲解，能让消费者有真实的消费体验，对当前商品有更全面的信息了解，增加产品的可信度，从而促进购买。

从电商直播的发展历程来看，国内的电商直播平台经历了最初的起步期、探索期和开拓期，然后进入高速发展期，现在已是全民直播时代。

2005—2008年是电商直播起步期，"9158"率先开创视频聊天业务，随后"YY"等相继出现。经过2009—2013年的探索期，直播模式逐步得到用户认可，2014—2016年各平台大力开拓直播应用，蘑菇街将电商直播应用在软件中，主流视频网站也开始布局直播业务。最初的应用场景下，用户只能观看主播直播，没有购物功能，但很快就开始在消费者观看直播过程中加入产品购买链接，消费者可以在观看直播的同时完成购买行为，直播与电商不再分割。2016年3月，淘宝直播上线。2017—2018年是直播电商拓展期。在网络购物重要的促销节点"618"，京东与苏宁易购大力推动电商直播，加入直播电商行列。其他线上营销平台如拼多多、小红书、唯品会也快速加入电商直播，抖音、快手等短视频平台陆续上线直播带货，电商直播功能逐渐成为电商平台的一种新的销售模式。

2019—2020年是直播电商高速发展期。各平台百花齐放，2019年"双十一"当天淘宝直播成交近200亿元，涌现了10多个单店销售金额过亿元的直播间和100多个单店销售金额过千万的直播间。2020年疫情以来，电商直播在消费者中的关注度不断提升，已成为中国各大电商平台与社交平台的标配。

2021年至今是全民直播时代。随着5G技术的成熟，消费者对直播购物的习惯不断加深，直播渠道及其参与者日趋多元化，商品供应链逐步完善，电商直播取得爆发性增长。在国家政策和资本的双重影响下，直播行业正在进行大洗牌，结合国家陆续颁布的各项直播政策，"人""货""场""内容"以及平台推动等多方面因素的推动，加上接踵而至的AR等新技术的助力，电商直播前景光明，但距离稳定规范的竞争格局还有很长的路要走[1]。

第三种是会员制社交电商。国外代表性会员制社交电商有亚马逊平台，国内有云集等平台。

在中国经济高速发展过程中，随着国民收入增加、中产阶层消费群体增多，传统消费模式已经不能满足新兴消费群体的消费升级需求，由此产生了会员制电商这种新的消费体系。2019年4月，斑马推出新的"会员+积分"消费模式。将实际消费和积分挂钩，消费越多积分也越多，根据积分的多少平台推出会员权益和优惠商品，这样消费更多的会员得到了更多的优惠和权益。会员制在国内发展迅速，越来越多的平台引入会员制社交电商，为这一模式带来了新的发展契机。

2.1.2 电商直播平台的研究概述

（1）电商直播的定义。

电商直播是目前最流行的新型电商营销方式，2018年以来，越来越多的专家学者对电子商务直播进行研究，而当下无论是学术界还是企业界对电子商务直播定义的研究

---

[1] 资料来源：QUESTMOBILE，2022年中国短视频直播电商发展洞察，2022-4-12。

仍然处于探讨阶段。谭羽利（2017）认为，电子商务直播是运用当前的互联网技术，以电子商务为基础，通过网络直播平台联系产品营销和消费者的新型销售方式[1]。梁芷璇（2019）则发现，电商直播的模式是主播在直播过程中，将店铺营销的产品通过直播方式呈现给消费者，在介绍产品同时与消费者实时互动，为消费者提供答疑和咨询服务，通过这样的互动交流影响消费者购买意愿[2]。王彤（2020）主张，电子商务直播模式的基础是电子商务平台，凭借当前网络技术手段，主播在直播过程中和消费者实时互动，在直播间将商品展示给用户，采取多种方式来影响用户购买意愿，是一种结合用户和产品销售一体的商业模式[3]。成也和王锐（2017）认为由于4G技术突破性发展，直播技术改善了用户接收信息的方式，重塑了体验，电商平台需要抢占用户的时间，通过直播这种强有力的互动导购形式，极大地增强了用户的黏性，提升了用户转化，最终实现商品的销售[4]。此外，由于信息基础建设的完善，通信资费的降低，5G的建设，AR、8K、VR技术和支付系统的不断发展，供应链的不断完善，促进了电子商务直播平台的迅猛发展[5]。

在梳理之前专家学者的研究后，本书分别从2个不同角度对电商直播的含义做了界定。从消费者角度，电子

---

[1] 谭羽利.电商直播中意见领袖对消费者购买意愿的影响研究［D］.北京印刷学院硕士学位论文，2017.
[2] 梁芷璇.电商直播的传播特征、问题及对策研究［D］.兰州财经大学硕士学位论文，2019.
[3] 王彤.电商直播情境下消费者购买意愿研究［D］.中央民族大学硕士学位论文，2020.
[4] 成也，王锐.网络直播平台的治理机制——基于双边平台视角的案例研究［J］.管理案例研究与评论，2017，10(4)：355-363.
[5] 吴冰，宫春雨.基于信息系统成功模型的电商直播研究［J］.商业全球化，2017，5(3)：27-45.

商务直播是利用电子商务平台、短视频平台或直播平台等互联网渠道,通过观看主播直播或收看企业自播,以实时互动的方式购买商品的购物模式;从企业角度,电子商务直播是凭借网络技术手段,通过直播过程中主播和消费者之间的互动,使消费者产生购买意愿的新型购物体验营销模式。

(2)电商主播。

当前主要分为网红达人主播、品牌企业自有主播以及明星主播这三类不同的带货主播。在直播过程中主播需要使用各种话术,通过产品演示与试用等方式向消费者从各个角度展示产品的外观与性能,同时会和消费者在直播过程中进行实时互动,消费者在观看直播时产生疑问,主播能快速解答,使消费者在购物中获得更好的体验。

网络达人主播通常指MCN(multi-channel network,多频道网络)机构中的专业网红,对产品的剖析与说明非常专业,转化购买能力非常强。通常情况下直播间的商品为专业类产品,产品琳琅满目,同时销售很多品类的商品。

品牌企业自有主播是指各品牌企业通过代理商的直播员或自己公司的直播员入驻公司的天猫官方旗舰店、京东官方旗舰店、抖音官方账号等进行直播,销售品牌企业的自有商品。自有主播熟悉产品,针对消费者对产品的不同性能需求可以进行详细的介绍与对比分析,帮助消费者进行决策,达成交易。

明星主播主要有三类:第一类是明星开设自己的直播间亲自带货成为带货主播,如罗永浩抖音直播等;第二类是有着公众效应的明星或者达人到主播的直播间,用明星或者达人个人魅力吸引更多消费者关注,使直播热度增加,直播间销售额也相应增加;第三类是明星凭借自身的影响力到自己代言的公司或品牌方直播间进行直播销售。

（3）电商直播研究现状。

在电商直播的特点分析方面，钟丹（2018）通过对场景理论的研究发现，电商直播模式相比电视购物模式极大地提升了购物的互动性，观众实时参与感与现场沉浸感更强。电视购物营销方式只能是单方面的信息传播，主持人当前推荐介绍的产品相关信息和产品视频图片只能由主播单方面输出，而电子商务直播模式能通过主播和消费者的实时互动产生真实的购物交流[1]。李玉玺和叶莉（2020）通过对电商直播内容和消费者购买意愿的内在机制影响研究，发现目前电商直播的主要营销特色是电商主播带给消费者的互动性、优惠性和可视性[2]。根据李忠美（2016）的论述，电商直播过程中，通过分享产品体验、介绍产品全方位性能、互相交流和刺激购买氛围，让电商直播能将消费者购买意愿很好地转化为实际的购买行为[3]。姚飞等人（2020）对零售行业分析时发现，相比传统电商，电商直播的优势是营造购物氛围。传统电商零售是个体的决策，而电商直播会受直播观众群体意见的影响，其他消费者交易成功的实时浮窗推送、直播间限时优惠、抢购、压岁钱、福袋等逼单策略营造的急迫感对消费者购买意愿有很大影响。这种营销方式比传统的电子商务更为有效地提高了销售转化率[4]。梁芷璇从电子商务直播的传播方向进行研究，发现电商直播能很大程度将消费者购买意愿转化为实际购买的优势在于，电商直播的实时信息互动以及直播内容的

---

[1] 钟丹.场景理论视域下网络直播平台传播策略研究[D].湖北大学硕士学位论文，2018.
[2] 李玉玺，叶莉.电商直播对消费者购买意愿的影响——基于冰山模型及S-O-R模型的实证分析[J].全国流通经济，2020(12)：5-8.
[3] 李忠美.电商视频直播有效提升成交转化率分析[J].合作经济与科技，2016(22)：82-83.
[4] 姚飞，鲜锶，业翀，等.直播零售与传统互联网零售对比分析——基于用户购物体.验角度[J].现代商业，2020(28)：32-34.

商品属性[1]。刘建华在分析企业实际的营销行为后总结出直播电商的优势是让消费者在"娱乐性"中进行消费，拓宽了企业营销模式，为企业搭建了更立体的营销平台[2]。方超（2018）从电商主播的特点对消费者态度的影响得出结论，电商主播的产品理解度、专业性、知名度对消费者态度呈正相关影响，但消费者与主播的互动不能影响消费者态度[3]。

电商直播模式类型方面，翟小可（2017）的研究将直播分为面向企业和面向消费者两种直播模式。面向企业的直播包括产品发布会直播和营销活动直播，此类直播主要目的是针对自己的竞争对手和目标消费群体宣传企业品牌与产品，通常会由行业中的专业人士或者专门的策划团队制作内容，传播的信息质量较高，价值较大。面向消费者的直播一般是由电商企业内部专业的主播团队负责或者是寻求外部专业主播团队协助进行的面向多个消费者的直播，需要主播对单个商品非常清楚，对产品性能、特点等能进行清晰地描述，通过其专业的主播知识、必要的主播话术与消费者进行互动，让消费者对直播的产品产生更大的兴趣，从而促进销售。

在电商直播影响消费者购买意愿的研究方面，李玉玺和叶莉（2020）通过对S-O-R和冰山模型的研究，结合实际案例分析认为，与传统的电商零售方式相比，电商直播的优势在于互动性、优惠性、即视性，可定义为自变量；然后通过冰山模型将电商直播的消费者群体分为感知信任型与需求释放型，可定义为中间变量；此外以消费者购买意愿作为因变量建立模型和研究假说。经过调查分析得出，

---

[1] 梁芷璇.电商直播的传播特征、问题及对策研究[D].兰州财经大学硕士学位论文，2019.
[2] 刘建华.直播——品牌营销新宠[J].小康（财智），2016(7)：72-73.
[3] 方超.电商网络主播特征对消费者态度影响研究[D].安徽大学硕士学位论文，2018.

电子商务直播的互动性、优惠性、即视性对消费者的情感变化（感知信任和需求释放）产生影响。消费者感知信任和需求释放的变化对消费者的购买意愿有正面影响作用[1]。

黄燕（2021）通过分析S-O-R模型研究了电子商务直播影响消费者冲动购买意愿的因素，从众多文献和案例的梳理中，总结了与传统电子商务直播相比的优势，将其优势定义为变量，将用户在购买过程中的感知风险定义为中介变量。分析发现，电商直播间对消费者购买意愿的影响来自价格的促销优惠、主播和消费者的互动、消费者观看直播的视觉冲击、限时购买的时间压力等，而对消费者消费意愿产生的负面影响则来自负向影响的感知风险[2]。

周永生等（2020）基于S-O-R理论和TAM理论构建研究模型，从社会临场感知角度分析电子商务直播对消费者购买意愿的影响。研究表明，认知和情感社会临场维度影响着消费者感知作用，消费者的感知有用性和感知信任影响其购买意愿[3]。

在消费者观看电商直播的研究方面，专家对消费者观看电子商务直播的意图和购买意愿进行了研究。Cai（2018）等通过探究认为，消费者观看直播主要是基于功利目的与享乐目的，功利目的指希望通过观看直播来购买商品，而享乐目的指通过观看直播来了解主播[4]。吴冰和周燕楠（2017）从技术接受的视角出发探究了电商直播用户的

---

[1] 李玉玺，叶莉.电商直播对消费者购买意愿的影响——基于冰山模型及S-O-R模型的实证分析［J］.全国流通经济，2020（12）：5-8.
[2] 黄燕.基于S-O-R模型的直播电商消费者冲动购买欲望研究［J］.全国流通经济，2021（14）：3-6.
[3] 周永生，唐世华，肖静.电商直播平台消费者购买意愿研究——基于社会临场感视角［J］.当代经济管理，2021，43（1）：40-47.
[4] Cai J, Wohn D Y, Mittal A, et. al (2018). Utilitarian and Hedonic Motivations for Live Streaming Shopping［C］. Acm International Conference, 2018: 81-88.

使用意愿，发现直播平台特点、主播特质、用户与主播之间的互动等因素影响了用户的持续使用意愿[1]。

从用户实际购买行为的分析角度，Simon等学者（2017）研究了共同体验和感知效能如何影响电商直播中用户的享受行为，分析认为共同体验对消费者享受行为有正向影响，感知效能也可以正向影响主动享乐行为，但对被动享乐行为的影响作用较少[2]。贾晓峰（2019）以S-O-R模式作为基础研究直播中消费者的购买意愿，指出主播和买家的双向互动正面影响着消费者在直播中的购买意愿[3]。

在电子商务直播中存在的问题研究方面，电商直播平台、主播、品牌代理商遇到的很多问题是由复杂的运作机制和不成熟的供应链造成的。张军（2018）认为，电商直播平台目前的主要问题表现在同质化的内容输出，产品类别相对集中在化妆品、日用品与快速消费类产品上，长尾电商产品直播转化低；主播的话术和营销推广方法千篇一律，以抄袭模仿头部网红达人带货主播为主，优秀电商主播匮乏；电商直播平台用户黏性低[4]。郭雅文和肖筱（2019）通过对网红经济发展的研究，分析了当前电商直播发展的影响因素，发现当前电商直播营销存在对网红达人的过度依赖，忽视了产品的影响力。流量过度依赖网红，消费者对网红个人产生了很大的信任，需要重视企业

---

[1] 吴冰，周燕楠.淘宝直播用户持续使用意愿的影响因素研究[J].电子商务评论，2017,6(3):44-53.

[2] Simon B, Matt C, Hess T. Consumer use of social live streaming services: The influence of co-experience and effectance on enjoyment [C]. Proceedings of the 25th European Conference on Information Systems (ECIS 2017), 2017.

[3] 贾晓峰.电商直播平台消费者购买及融入意愿研究[D].北京邮电大学硕士学位论文，2019.

[4] 张军.电商直播平台的现状及发展策略研究[D].长春工业大学硕士学位论文，2018.

品牌力的提升[1]。此外，由于直播过程中消费者无法触摸到产品，在主播的解说与催促过程中可能有冲动性下单购买，但之后会产生大量退货。同时，部分MCN机构为了赚取品牌方的提成便自行购买再退货，造成直播退货率高于其他电商平台。目前各平台制定了较严格的平台规则，禁止使用部分用语诱导消费，同时严查刷单行为，逐步开始将退货率控制在正常范围。

通过文献研究结合企业自身电商直播营销的经验可以发现，直播运营、内容制作和传播是当前电商直播存在的主要问题。从直播运营角度来看，大量流量集中于头部主播，消费者对主播个人的信任成为直播转化的主要因素，由于主播的不同，平台流量分布不平衡，导致平台的转化率呈现两极分化的不正常状态。从内容制作和传播角度来看，主播话术趋于雷同，模仿较多而原创内容较少，导致直播话术单一，内容相似，原创的高品质视频内容比较少，影响消费者观看体验，造成了观看直播购物对消费者的吸引力下降。

当前的电商直播不仅仅是简单地对产品进行宣传推广，而是已经具有娱乐、社交属性。在直播之前就需要对观众进行标签分类，深度了解其不同的需求，将同类观众聚集在一起后开播，打造火爆的直播气氛。由于提前做过用户分析，会产生更多的交流话题，进行更深入的互动，有效拉近主播与消费者的关系。同时，在直播时将娱乐和购物融为一体，策划各种活动创造轻松愉快的购物体验，将流量转为购买力，实现流量变现（李其斌、谢蓉蓉，2016）。通过主播与消费者的密切交流，融洽双方关系，在充分的沟通中分享主播个人意见，对当前关注的问题进行互动，

---

[1] 郭雅文，肖筱. 网红经济下"电商＋直播"模式发展策略研究[J]. 现代商贸工业，2019，40（34）：45-47.

并在直播之外的线下，将相同兴趣爱好的一群人集中在一起，可以形成固定的社群。

传统电商主要通过展示商品图片和视频让消费者了解产品，店铺对消费者购买意愿的提升主要通过优化产品详情页、文案和视频来实现。商家一般会通过多角度多场景的商品展示，加深消费者对产品的了解与信任，促进消费者做出购买决策。以化妆品类为例，商家为了更好地吸引消费者关注，并转化为实际消费行为，通常会以大幅的产品海报、明星达人靓丽的图片、素人化妆前后对比图片向消费者展示当前产品的优势，让消费者产生共鸣。虽然商家能通过多维度、多角度的图片展示商品的外观，通过合适的营销策划文案来介绍当前产品，但由于消费者看到的只是静态的产品图片，无法立体地看到实物，听到真实的讲解，不能获得全部的产品信息，因此消费者会在进行购买时对产品的外观和功能产生一些疑问，这种信息不对称造成了消费者购买意愿降低。

电商直播与传统电商购物相比，具有社会性、即时性、虚拟性。传统电商购物缺少社会互动性，消费者基于自己所看到、了解到的产品信息由个人独立决策进行购买。在电商直播购物模式中，消费者可通过实时社交互动，在实时直播视频和文字聊天框与主播及其他用户进行交流，从而将互动的社会性转化成产品交易的经济性[1]。同时，由于电商直播开播的时间有限，消费者需要在有限的直播时间段内完成购物决策，因此，在直播购物中消费者决策的时间更少，消费过程更短，具有即时性。此外，相比线下购物消费者能及时体验产品不同，直播购物作为无实体店铺

---

[1] Hamilton W A, Garretson O, Kerne A. Streaming on Twitch: Fostering Participatory Communities of Play within Live Mixed Media [C]. Proceedings of the SIGCHI Conference on Human Factors in Computing Systems, 2014.

购物模式具有虚拟性，消费者无法真实地触碰产品，只能通过观察商品的图像信息进行决定[1]。因此，买家很容易由于这种信息的不对称陷入可能存在的"信息偏误"或"信息不完全"[2]。

经过对大量文献著作、学术期刊及学位论文的研究学习，笔者发现影响电商营销中消费者购买意愿的因素主要来自两个方面：一是直播内容，二是电商主播。在直播内容方面，优惠的价格、商品呈现的丰富度、实时的交流互动，对提高消费者购买意愿产生了正向作用。在电商主播方面，主播对产品的了解度、专业性及主播个人的影响力能很好地促进消费者购买。根据上面两个影响因素的特点，用户在直播购物中更依赖于直播主播这一因素去判断评价产品，从而在制定适合的购物决策时，主播的选择是非常重要的一环，主播的营销语言风格直接影响了消费者的购买意愿与购买行为。目前在主播营销语言风格这方面的研究比较空白，值得我们去仔细探索。

2.2 S-O-R模型概述

2.2.1 S-O-R模型定义

Mehrabian 和 Russell 于1974年提出 S-O-R 模型（见图2.1），其中，变量 S 为外部环境刺激（stimulus）；变量 O 为情绪反应（organism）即主体受到外部环境刺激产生的心理或者认知的反应；R 为行为反应（response）即外部

---

[1] Deborah B M, Stephen M N. The Effect of Examining Actual Products or Product Descriptions on Consumer Preference [J]. Journal of Consumer Psychology, 2003, 13(4): 431-439.

[2] Lee H L, Padmanabhan V. Information Distortion in a Supply Chain: The Bullwhip Effect [J]. Management Science.2004, 50(12): 1875-1886.

图 2.1 S-O-R 模型

刺激引起主体产生的各种行为[1]。S-O-R 模型来源于环境心理学,该理论论证了外部环境刺激因素能对人类行为产生影响,目前该理论被大量运用于研究零售环境。

S-O-R 模型的基本原理是:主体受到外部环境刺激产生情绪反应,主体的情绪反应(心理与认知反应)使主体产生一定的行为。外部刺激不同,对人的影响也不同。以零售领域为例,产品、价格、主播话术、直播间的氛围对消费者的购买意愿有着不同的刺激,消费者受到刺激后,会产生一系列复杂的情绪反应,最后对这些刺激与感受做出相应的行为。

2.2.2 研究概述

随着电商的发展,越来越多的学者应用 S-O-R 模型对电商购物行为进行研究。因为以 S-O-R 模型为理论基础探究电商购物环境下各种外部环境刺激对消费者购买意愿的影响机理,具有较强的专业性与科学性。

Kim 和 Fiore(2007)在基于 S-O-R 模型研究用户的线上购物意愿时,在传统模型中加入了调节变量,认为主体除了受外部环境刺激产生情绪和行为反应外,主体自身状况或其他调节因素也同样对主体情绪和主体行为产生作用[2]。随后,更多的专家学者在 S-O-R 模型研究的基础上加入了调节变量,丰富了该模型,增加了通用性。赖胜强

---

[1] Mehrabian A, Russell J A. An Approach to Environmental Psychology [M]. MIT Press, 1974.

[2] Kim J, Fiore A, Lee H H. Influences of Online Store Perception, Shopping Enjoyment, and Shopping Involvement on Consumer Patronage Behavior Towards an Online Retailer [J]. Journal of Retailing and Consumer Services, 2007, 14(2): 95-107.

（2010）以 S-O-R 理论为基础研究信息源、社会网、归因理论对口碑的影响，发现感知风险对消费者情绪态度有着正向的影响作用，于是将感知风险引入模型体系，构建口碑影响机理模型。Parboteeah 等（2009）在有关环境心理学的理论框架上，探究了用户在直播环境下，被外部影响因素刺激产生的冲动消费行为，发现任务与信息的适合度、电商平台详情页显示的视觉效果会影响消费者的感知有用性和易用性，进而影响消费者的购买行为[1]。国内学者杨璐（2009），根据国内电商的现象与特征，基于 S-O-R 模型研究线上店铺的环境对消费者购物意愿的影响，得出的结论是线上店铺的环境氛围显著影响消费者购物意愿[2]。

Abarbanel（2013）在研究网络赌博环境对消费者意愿和行为的影响中发现，外部环境刺激首先影响主体的认知与情感，而主体个人因素及环境等其他因素作为调节变量影响主体情绪及后续行为，该研究丰富了 S-O-R 模型的适用场景，进一步完善了理论模型[3]。刘洋等（2020）基于 S-O-R 理论，研究电商直播购物特征对消费者的直接影响，发现直播购物中的互动性、娱乐性和可视性会正向影响消费者购买意愿与行为[4]。Wang 和 Chang（2013）分析消费者购买高风险产品时的影响因素，完善了 S-O-R 模

---

[1] Parboteeah D V, Valacich J S, Wells J D. The Influence of Website Characteristics on a Consumer's Urge to Buy Impulsively [J].Information Systems Research, 2009, 20(1): 60-78.
[2] 杨璐.网上商店氛围对消费者购买意愿的影响[D].重庆大学硕士学位论文，2009.
[3] Abarbanel B L. Mapping the Online Gambling E-servicescape: Impact of Virtual Atmospherics on the Gambler's Experience [D]. University of Nevada Las Vegas, 2013.
[4] 刘洋，李琪，殷猛.网络直播购物特征对消费者购买行为影响研究.软科学，2020, 34(06): 108-114.

型,将信息处理理论作用于该模型,指出由弱关系链提供给消费者的信息,相比强关系链提供的参考信息更加显著影响消费者的购买决策[1]。

通过以上文献的研究发现,基于S-O-R模型研究电子商务零售行业消费者购买意愿和行为时,电子商务平台相关因素是主要的外部刺激源,包括视频、图像、策划文案和详细页面等商家设计的产品信息的表达,以及通过传统的销售促销推广方式影响消费者购买意愿。随着更多的企业关注并开展直播,目前直播已成为各企业主要的营销方式。与传统的电子商务模式相比,直播的互动、实时及展示产品的方式与传统电商消费者观看图片与视频等刺激因素带来的信息传递量有很大的不同之处。因此,本书是基于S-O-R模型研究直播这一新的营销方式中主播的营销语言风格互动类型对消费者购买意愿的影响。

2.3 互动性相关研究

2.3.1 互动性定义

当前学术界对互动性没有统一完整的定义,随着对互动性研究的深入,专家学者发表的定义也越来越丰富。互动性又称为交互性,是一个多维理论,很难对其准确定义。学术界对互动性理论的关注点在于研究人机互动,也就是经常被提到的人类与机器之间的互动。随着20世纪70年代初期互联网突破性的产生,世界迎来了新一轮技术革命,互联网使人与人之间可以非常便捷地进行交流互动,极大地影响了用户的感知,不断放大互动带来的商业价值

---

[1] Wang J C, Chang C H. How Online Social Ties and Product-related Risks Influence Purchase Intentions: A Facebook Experiment [J]. Electronic Commerce Research & Application, 2013, 12(5): 337-346.

(Roberts, 2015)。

电商直播伴随着科技发展、商业模式的变革而快速崛起，作为网络直播的垂直分支，电商直播和网络直播有非常多的相似性，其中最主要的属性是主播和消费者的实时互动、消费者在直播中直接参与、丰富的内容制作等。内容制作是直播的基础，实时传播是直播的形式，交互参与则是直播的前提。交互属性是主播和消费者在交流时的主要特性，当前互动性在市场营销学、广告传播学及社会学等领域已有广泛的应用。随着信息化基础建设的不断完善，互联网技术突飞猛进，社会不断进步，互动营销领域的研究对象由人机之间的研究转变为消费者与主播之间的研究。Macias（2003）认为，在互联网环境下，网民之间相互交流信息、共享观点，这一动态过程的特性即为互动，商家与消费者的互动可以增强消费者的购买意愿，提高消费者的评价[1]。潘宥霖（2014）将网络互动性总结为企业与消费者、消费者与消费者之间通过互联网进行信息交换的行为[2]。

2.3.2 互动性相关研究

随着消费结构不断升级以及通信交流工具的丰富，消费者对与企业营销人员之间的互动要求也随之提高，消费者更喜好双方高效、实时地沟通交流。电商平台、电商主播与用户进行高频高质的交流互动，能对消费者疑问进行快速处理，使消费者获得更多产品信息。同时，在互动交流过程中了解消费者的真实需求，可以十分便利地为消费

---

[1] Macias W. A Preliminary Structural Equation Model of Comprehension and Persuasion of Interactive Advertising Brand Web Sites [J]. Journal of Interactive Advertising, 2003, 3(2): 36-48.
[2] 潘宥霖. 网购中的互动性对顾客购买意愿的影响研究 [D]. 辽宁大学，2014.

者提供个性化和定制化的服务，有效地将互动转化为交易成果。

在互动性特征研究方面，Liu 和 Shrum（2002）认为互动性由控制活动、双向沟通、同步性三个维度组成。企业和消费者、消费者和消费者通过互联网平台进行互动交流，这样的沟通称为双向沟通。在电商直播过程中，消费者互动过程中信息得到及时处理，交流反馈的同步程度称为同步性[1]。根据国外学者 Surprenant 和 Solomon（1987）的研究，营销人员和消费者间是双向互动[2]。在电商直播的互动营销研究方面，金琦（2018）认为，针对不同的互动营销类型，奖励型互动营销比功能型营销更能影响消费者在消费过程中的感知[3]。

在互动性对消费者影响的研究方面，专家学者从不同角度探究在电商直播过程中，主播和消费者的互动性对消费者的影响。李爽和陈亚荣（2018）研究发现人际互动有利于提升消费者购物体验，并将人际互动分为互动对象、内容和特征三个方面，消费者与主播的互动使购物体验感增强，这样消费者会继续观看直播并转化为对外推荐和实际购买行为[4]。但鸣啸和武峰（2018）认为电商直播促进了消费者的购买意愿[5]。蒋鹿宁（2018）认为，社交是消费者

---

[1] Liu Y, Shrum L J. What Is Interactivity and Is It Always Such a Good Thing? Implications of Definition, Person, and Situation for the Influence of Interactivity on Advertising Effectiveness [J]. Journal of Advertising, 2002, 31(4): 53-64.

[2] Surprenant C F, Solomon M R. Predictability and Personalization in the Service Encounter [J]. Journal of Marketing, 1987, 51(2): 86-96.

[3] 金琦. 移动端直播电商中互动营销特征对用户感知属性的影响 [D]. 浙江大学硕士学位论文，2018.

[4] 李爽，陈亚荣. 网络直播环境下人际互动对用户行为意愿的影响研究 [J]. 中国市场，2018（7）：18-20.

[5] 但鸣啸，武峰. 网络直播营销对购买意愿的影响实证研究 [J]. 管理观察，2018（36）：41-44.

观看电商直播的重点[1]。周盈（2018）的研究发现，在当前全民直播的状态下，企业与消费者及时有效地沟通，能够大大增加用户数量并将消费意愿转化为实际购买行为，增强流量的变现和用户的黏性[2]。

国外学者研究指出，在播放移动广告时，消费者的参与互动能够影响其认知质量和情感质量[3]。然而在虚拟现实中，消费者通过VR进行交互，与传统的二维投影媒体相比，交互性更强，体验感更生动，大大提高了用消费者满意度[4]。各种文献表明，现场交互总能对消费者有正面影响[5]。Hajli等（2017）提出，用户会亲近社交信息系统，产生社会临场感[6]。

学术界对互动性的研究伴随科学技术的发展不断深化，部分专家将在线互动分为人与机器的互动和人与人的互动。人与机器之间的互动模式单一、固化，主要追求效率和自然性[7]。人际互动更注重互动的自身体验价值，随时可以根据互动场景的变化灵活变化，能附加带给消费者更多情感、

---

[1] 蒋鹿宁. 新媒体语境下的网络互动直播社交研究[J]. 新媒体研究，2018, 4(18): 15-16.

[2] 周盈. 全民直播时代移动直播平台的广告价值研究[J]. 出版广角，2018(22): 66-68.

[3] Lu C C, Wu I L, Hsiao W H. Developing Customer Product Loyalty through Mobile Advertising: Affective and Cognitive Perspectives [J]. International Journal of Information Management, 2019, 47(AUG.): 101-111.

[4] Kim D, Ko Y J. The Impact of Virtual Reality (VR) Technology on Sport Spectators' Flow Experience and Satisfaction [J]. Computers in Human Behavior, 2019, 93(APR.): 346-356.

[5] 韩经纶，韦福祥. 顾客满意与顾客忠诚互动关系研究[J]. 南开管理评论，2001, 4(6): 8-10.

[6] Hajli N, Sims J, Zadeh A H, et al. A Social Commerce Investigation of the Role of Trust in a Social Networking Site on Purchase Intentions [J]. Journal of Business Research, 2017(71): 133-141.

[7] 岳玮宁，董士海，王悦. 普适计算的人机交互框架研究[J]. 计算机学报，2004, 27(12): 1657-1664.

信号、享受的价值[1]。Coyle 和 Thorson（2001）认为，消费者的多种感官会被更生动活跃的网站吸引，从而加强消费者对观看商品的感知评价[2]。Brady 和 Cronin（2001）认为，从营销者和消费者之间互动程度可以确定实际购买产品的满意度水平[3]，同样，Mano 和 Oliver（1993）认为，对于实际购买的消费者而言，产品满意度不仅仅是自己认知的评价，也是消费过程中情感因素的评价[4]。Collins（2004）的相互作用链理论发现，良好的社会人际互动会给人们带来情感的回报[5]，所以，人际交互对研究营销关系而言有着非常强的实际应用。Baeckstroem 和 Johansson（2006）在研究线下购物体验时观察到，对消费者产生实际购买行为的重要因素是客服和消费者之间的互动[6]。网上购物也是如此，Skadberg 和 Kimmel（2004）也指出企业与用户之间的互动可以建立双方的信任，一旦建立信任关系，用户就可以在网上产生反复购买该商品的行为。通过在线互动，增

---

[1] Holbrook M B. Hirschman E C. The Experiential Aspects of Consumption: Consumer Fantasies, Feelings, and Fun [J]. Journal of Consumer Research, 1982, 9(2): 132-140.

[2] Coyle J R, Thorson E. The Effects of Progressive Levels of Interactivity and Vividness in Web Marketing Sites [J]. Journal of Advertising, 2001, 30(3): 65-77.

[3] Brady M K, Cronin J J. Customer Orientation Effects on Customer Service Perceptions and Outcome Behaviors [J]. Journal of Service Research, 2001, 3(3): 241-251.

[4] Mano H, Oliver R L. Assessing the Dimensionality and Structure of the Consumption Experience: Evaluation, Feeling, and Satisfaction [J]. Journal of Consumer Research, 1993, 20(3): 451-466.

[5] Collins R. Interaction Ritual Chains [M]. Princeton University Press, 2004.

[6] Baeckstroem K, Johansson U. Creating and Consuming Experiences in Retail Store Environments: Comparing Retailer and Consumer Perspectives [J]. Journal of Retailing & Consumer Services, 2006, 13(6): 417-430.

强了用户的购买体验,产生了喜悦[1]。学者们普遍认为,企业与用户之间的互动可以对用户产生积极的影响,驱动用户的认知品质、情感品质和购买行为。

通过对电子商务网络购物大环境的研究发现,直播中主播和消费者双向的交流互动有着明显的有效性、实时性和兼顾性。本书中,互动的有效性是指主播与消费者在进行直播沟通时,可以为用户高效、系统地解决产品与服务等各方面的疑问;互动的实时性是指主播与消费者之间的互动沟通是实时的,能够现场回答用户所提的问题;互动的兼顾性是指主播与消费者在互动时,既能迅速、完整、高效地解决消费者的各类提问,又能主动向消费者介绍产品的各种功能、卖点等信息,传递品牌的调性和主播个人的兴趣爱好等特征。

2.3.3 任务导向型互动与关系导向型互动研究

直播类型不同,互动方式也应随之调整。一般而言,电子商务类、竞技类直播多以任务导向型互动为主,这种直播更多的是向观看人员展示自身技术,以销售产品和服务作为辅助。娱乐性直播多以关系导向型互动为主,用户观看娱乐性直播主要是带有娱乐目的。随着技术发展和消费体验的不断升级,大部分电商直播也不断加入娱乐元素,所以本书把电商直播主播与消费者互动类型区分为任务导向型与关系导向型,分析电商直播中主播将消费者购买意愿转化为实际购买行为而采用的不同互动方式。

从专家学者的研究中发现,任务导向型互动是指在分析顾客需求后,为促进消费者购买需求而实施明确任

---

[1] Skadberg Y X, Kimmel J R. Visitors' Flow Experience while Browsing a Web Site: Its Measurement, Contributing Factors and Consequences [J]. Computers in Human Behavior, 2004, 20(3): 403-422.

务的行为，如准确完整地介绍产品的性能、特点等。任务导向更加强调任务的重要性，所有的销售都是以任务的完成为第一目的，其他因素都不再重点关注。任务导向型互动需要企业通过完善的服务和过硬的技术来实现，是一种经济交换行为，所有的行为都是为了达成交易。郑丹等（2013）认为，被调查者容易被任务导向型广告吸引注意力[1]。于洋和张智君（2012）通过对网络广告受众注意力的研究，比较任务导向型广告和非任务导向型广告发现，相较于任务导向型广告，非任务导向型广告更容易被受众关注到，会产生更多的关注频次和关注时间[2]。从以上文献梳理中看出，对于消费者而言，任务导向型互动和非任务导向都对消费者有着吸引力，都能引起消费者的关注，但当前关于任务导向型互动的研究成果主要在广告行业，对电商网站和直播实时运用的任务导向型互动的研究比较少见。

对关系导向型互动的研究是从情绪劳动的研究中首先开始的，Hochschild（1983）在研究中发现，作为"人类劳动工作"重要形式之一的情绪劳动，能有效提高劳动者的效率，是除认知劳动、体力劳动之外的另外一种形式。随着研究的深入，学者们逐步将关系导向型互动应用到基础营销岗位人员在处理日常顾客投诉工作时的工作态度上，并进一步发展为关系营销。

Homburg 和 Müller（2005）指出，关系导向是与顾客建立个人关系的一系列行为。冯居君（2018）认为，在现代营销中，一切都要从消费者的角度出发，若要建立消费

---

[1] 郑丹, 蒋玉石, 张伟. 任务导向和内容对网络旅游横幅广告受众的眼动影响[J]. 西南交通大学学报（社会科学版）, 2013, 14(6): 65-69.

[2] 于洋, 张智君. 呈现方式和任务导向对网络广告受众的眼动影响[J]. 人类工效学, 2012, 18(2): 23-26.

者信心、提高营销成功率，则需要分析企业与消费者之间的互动，确立信任对客户关系的作用。当前产品品类非常丰富、信息量巨大，消费者有更多的产品选择，企业产品在告别物质稀缺时代后影响力在减弱，市场从企业拥有选择权转向了消费者拥有选择权。在这种环境下，企业想要获得长久发展，一方面需要开发吸引消费者的产品，另一方面也需要拉近与消费者的关系，了解消费者对产品的关注点，满足消费者的需求。近年来迅速发展的互联互通实时社交技术改变了企业与消费者关系构建的过程，网上客户关系（ORM）营销活动对建立消费者的信任和忠诚度起着极大的作用[1]。关系营销在互联网时代受到企业的高度重视，提供产品和服务的企业不仅需要有良好的产品，同时也在与消费者的关系中扮演着熟人和朋友的角色。

有研究结果显示，企业和消费者在某些方面具有相似性，可以加强两者之间的友好关系。Lichtenthal 和 Tellefsen（2005）指出，企业和消费者建立良好关系最重要的是制造与顾客相似的感觉。这种相似性可以提高双方关系质量，加强相互之间的信任，使消费者产生购买意愿。从实际生活中也可以看出，基于相似吸引理论，消费者更喜欢倾听与他们想法相似的销售人员的建议，也容易与支持他们的人之间互动交流，产生价值共鸣；在相似的人群中，更容易提高自尊心，保持或协调自我的平衡。在电商直播过程中，如果用户觉得主播在某些观点上与自己有相似之处，就更容易与主播产生亲近感。同理，如果主播觉得消费者与自己有相似之处，双方互动将会更加高效且友好，主播能轻松地建立起与消费者的良好关系。在当今物

---

[1] Sheena L B. Online Relationship Marketing and Customer Loyalty: A Signaling Theory Perspective [J]. International Journal of Bank Marketing, 2019, 37(1): 226-240.

质丰富、信息爆炸的时代,消费者在物质消费之外开始寻求精神层面的感受,关系导向型互动强调企业与消费者之间建立信任关系,寻找相似性,这种互动交流方式能更大程度地吸引消费者。

综上所述,主播应同时有任务导向和关系导向型互动。他们既需要让消费者产生实际购买行为,带有一定的任务目的,又因为电商直播平台兼有社交功能,主播为了得到消费者的关注,让消费者参与到当前的直播过程,就需要与消费者进行关系导向型互动。目前电商直播平台的技术水平可以实现主播与消费者之间的互动交流。在直播环境下,主播通过构建"关系"来实现"任务"目标;消费者在互动过程中,通过提高互动频率和交流深度,完全参与到直播中,专注产品,感受愉悦,产生购买行为。尽管电商直播中,主播既有任务导向型互动也有关系导向型互动,但两者带给用户的感受迥异,尤其产品的类型不同,用户对主播不同的互动类型感受的侧重点也会不同。

基于以上分析研究,结合在实际工作中的观察,本书将直播互动类型分为两类:任务导向型和关系导向型。任务导向型互动是指主播在直播过程中的一切互动方式都是围绕完成营销任务,不会涉及其他方面。任务导向型主播的主要目的是销售直播商品,主播会通过全面介绍产品的功能、卖点,使用体验与售后等与消费者进行互动,但在其他方面很少涉及。关系导向型互动是指主播在直播中,及时跟踪了解消费者的情绪和反应,积极寻找与消费者的共同点,以相似吸引理论拉近和消费者的关系,营造良好的直播间氛围。主播并不仅仅关注销售目标,更是希望通过与用户良好的互动加深关系,成为朋友,建立长期的信任并基于此进行营销。企业需要认识到两种不同互动策略在不同产品类型下的各自优劣之处,这样才能帮助企业在不同情境下选择有效的营销互动策略。

2.4 语言理论

2.4.1 营销语言研究概述

随着我国市场经济的快速发展，营销语言受到越来越多的企业关注，原因在于营销语言是营销活动的主要表现方式。当前对营销语言的研究主要是从语言学的视角以及营销语言技巧的探究两个方面入手。

1. 语言学视角下的营销语言研究

当前，语言学视角下的营销语言研究主要聚焦于传统营销市场使用的语言。曲殿宇和陈丽伟（2008）在《试析市场营销语言的方式及特点》一文中从广义和狭义两方面解释了市场营销语言。从狭义角度来看，营销语言仅仅是营销过程中的简单言语形式。从广义角度来看，营销语言不仅包含语言形式，还包含营销过程中的态度情绪、肢体语言等等辅助方式。相比人们的日常用语，营销语言更有灵活性、浓缩性和艺术性的特征[1]。

王彦（2007）通过对大量商品营销过程中产生的现场话语语料进行梳理，在《商品买卖互动话语谈判策略研究——基于语料库的工作场所话语分析模式》一文中以语言学的研究视角和方向对产品营销过程中语言谈判方式开展了详细分析，梳理了现场话语语料库，拓宽了语言学研究领域，在营销语言研究方面有了突破性进展[2]。

龙绍赟（2011）在《接受语境中推销语言的心理顺应》一文中，认为将语用顺应理论应用到语言研究，可以从理

---

[1] 曲殿宇，陈丽伟.试析市场营销语言的方式及特点[J].齐齐哈尔大学学报（哲学社科学版），2008（03）：113-114.
[2] 王彦.商品买卖互动话语的谈判策略研究[M].北京：外语教学与研究出版社，2007.

论上证明消费者在接受推销时更愿意接受顺应心理的沟通方式。在成功的营销案例中，顺应消费者接受的心理语言对消费者产生实际消费行为有着关键作用，说明在营销过程中不但需要关注消费者的语言语境，还要顺应文化、情境、心理等语境，这样才能更好地销售[1]。

郑健（2012）通过对社会语言学的研究，认为快消产品的营销语言组成主要是专业词语和销售词语。在发表的《快消产品销售语言研究——以康师傅方便面销售语言为例》一文中梳理了快消产品的销售语言构成、风格、句法等，发现快消产品在营销语言上带有非常明显的目的性、灵活性和重复性。为了让消费者增强信任感，会使用非常多的赞美语句、真诚的语言风格，使产品具有较强的关注度和说服力。在句法结构上，快消产品营销使用大量的疑问句、比较句和省略句，但很少使用祈使句、被动句和兼语句。但这样固化的销售表达也产生了一系列问题，其中，快消产品营销固化的语言表达套路是目前存在的主要问题。营销人员为了取得消费者的信任感夸大销售量、随口承诺，甚至自言自语忽视了和消费者的互动，解决这些问题都需要不断强化对快餐营销者的引导和培训[2]。

禹学丰（2009）根据顺应理论论证了保险推销语言，在《关联——顺应视角下的保险推销话语研究》一文中研究了保险推销员在营销过程中应用"关联—顺应"的影响，分析保险推销员与客户交流中选择的保险推销语言，从而得出这些语言策略的产生和理解机制[3]。

---

[1] 龙绍赟.接受语境中推销语言的心理顺应[J].江西社会科学，2011, 83（9）: 205-208.
[2] 郑健.快消产品销售语言研究——以康师傅方便面销售语言为例[D].沈阳师范大学硕士学位论文，2012.
[3] 禹学丰.关联-顺应视角下的保险推销话语研究[D].湖南师范大学硕士学位论文，2009.

除了上述专家学者的研究外，还有很多专家学者从各个视角对营销语言进行了大量研究，比如肖思涵（2013）《微博营销语言语用学研究》[1]、钱建伟等（2016）《语言经济学视角下的旅游目的地海外营销网站评价分析》[2]、温韬（2014）《触觉语言特点及其在情调营销中的应用》[3]等都拓展了研究领域，取得了一定的成果。

2.营销语言技巧研究

陈秀坤（1996）在《营销语言艺术》一书中对营销语言特征进行了总结，分别是职业性、规范性、平实性和情感性。职业性重点在于实现营销目的，在营销过程中与顾客之间的交流以达成购买行为作为原则，语言的组织和内容也是为了促进购买行为；规范性指营销人员要遵循营销语言表达的相关准则，主动热情地使用文明礼貌用语与顾客交流；平实性是强调营销语言需要简洁明了、实事求是、不夸张不复杂的表述；情感性重点强调情感，将情感符号融入语言交流，通过肢体语言、语言轻重音替换来表现情感，使语言描述更加生动形象[4]。

邵庆春（1994）发表的《营销技巧中的语言运用》一文论述了在不同语言环境下如何运用营销语言技巧，分别从谈判、销售和信息交流进行分析；同时认为进行商品推销时要根据特定场所运用不同的语言技巧，要有针对性地灵活使用，如在柜台外进行商品推销时，消费者与柜台业务员交流的第一句话非常重要，要求业务员具有应变沟通能力，委婉地对消费者进行导入。若消费者已经在柜台上，

---

[1] 肖思涵.微博营销语言的语用学研究[D].南昌大学硕士学位论文，2013.
[2] 钱建伟，Rob Law，厉新建.语言经济学视角下旅游目的地海外营销网站评价分析[J].社会科学家，2016，(07)：86-89+103.
[3] 温韬.触觉语言特点及其在情调营销中的应用[J].中国流通经济，2014，(1)：79-82.
[4] 陈秀坤.营销语言艺术[M].北京：中国商业出版社，1996.

正在进行商品沟通时,销售人员需要非常关注当前环境下的语言使用,巧妙运用含蓄的语言技巧。文中也对规范叫卖语言和广告语言做了建议[1]。

周彬琳(2003)从口语表达的角度对营销语言进行了研究,在其发表的《营销语言表达的辩证艺术》一文中,阐述了口语表达的四个技巧,分别是生硬与生动、模糊与明确、深奥与通俗以及复杂与简洁。认为在营销过程中,使用营销语言并不是固定不变的,需要根据一定的情境对营销语言进行调整。为了让营销效果更好,在原有的语义逻辑、语法规范的情况下,可以将矛盾用语巧妙融入语言表达中,达成营销目的[2]。

殷梅(2008)从实际运用的角度分析了营销语言,认为营销语言和肢体语言需要融合,发挥两者的优势才能更好地运用到营销行为中去。同时还明确了营销语言的原则,分别是谦虚亲和、适合语境、言之有理、委婉巧妙以及通俗易懂[3]。

徐人杰(2012)从原则和技巧角度研究了营销过程中的语言运用,认为从营销的目的性出发,营销语言具有顾客至上的原则。在和消费者的沟通中,要重视情感的共鸣,强调谦虚的语言和真诚的态度。针对特定的环境下运用委婉巧妙的表达方式,对不同消费采用不同的营销话术,增加消费者的信任从而产生购买行为。同时在语言表达上需要及时调整语言节奏,尽量做到简洁、生动、易懂[4]。

---

[1] 邵庆春.营销技巧中的语言运用[J].湖州师专学报,1994,16(4):6-10.

[2] 周彬琳.营销语言表达的辩证艺术[J].安徽商贸职业技术学院学报,2003(3):45-48.

[3] 殷梅.营销过程中语言运用的原则[J].商场现代化,2008(4):167.

[4] 徐人杰.论营销过程中语言运用的原则与技巧[J].辽宁教育行政学院学报,2012(5):120-121.

赵威和秦立强（2014）在《营销中语言运用的原则及技巧研究》一文中指出营销中语言的运用要遵循固定的原则，主要包括人员的态度、被理解程度、实际出发、沟通语境和委婉表达，其出发点与本质是促成交易[1]。

在电商营销语言研究方面，潘李月（2005）在《今天你成交了吗？——营销者谈判的语言技巧》一文中发现，发挥电商营销语言的作用需要坚持得体的原则，在营销过程中建立合适的语言环境，确保电商营销语言与产品的真实情况保持一致[2]。在这方面进行过研究的还有朱文豪（2016）《现代市场营销中语言运用的策略探讨》、岑宇（2010）《营销中的语言技巧》、莫莉莉（2003）的《营销英语的语言特征及其翻译》、胡易（2012）《营销活动中的语言表达与技巧分析》等。从当前专家学者对营销语言学相关的研究中发现，对这一领域的探索还处于初始阶段，后续可研究空间还很大。

英国语言哲学家奥斯汀（Austin）在20世纪60年代通过对陈述句和施为句的研究，发现表达语言是否有意义关键在于表达而非语言的真假，语言目的在于表达出"陈述""警告""感谢""道歉""祝贺"等。通过对施为句的深入分析，奥斯汀对语言进行了分类，分别是以言指事、以言行事及以言成事，让语言行为的研究有了更精确的划分。在奥斯汀的研究成果上，塞尔（Searle）进一步对言语行为理论进行了修正与发展，重新分类了以言行事的行为。本书主要以语用学中的言语行为理论为理论框架，结合当前以言行事的研究成果和电商营销语言的实际情况，对电商直播营销话术互动进行了分类。

---

[1] 赵威，秦立强.营销中语言运用的原则及技巧研究[J].商业科教，2014（2）：180.

[2] 潘李月.你今天成交了吗？——营销者谈判的语言技巧[J].市场周刊（管理探索），2005（6）：128-130.

2.4.2 电商营销语言的界定

关于营销语言，学术界有着不同的界定。大部分学者主要研究广告用语而且成果较多，对营销语言关注度和研究成果却比较少。其实广告语言和营销语言都是企业非常重要的营销手段，两者有着很高的相似度却又各自不同。

从销售环节来看，广告语的作用是吸引消费者的关注，让消费者产生兴趣，从而转化为实际的购买行为。为了增加广告语的关注度，广告语往往出现在电视、建筑物广告牌、网络搜索页面、App 开机页面等地方。而营销语言是营销人员与计划购买商品的消费者之间的互动语言，其目的是通过描述产品的卖点功能等让消费者得到更多信息，抓住消费者的关注点激发消费者购买意愿，从而转化为实际购买行为。所以，在营销整个过程中，营销语言有着关键作用，是激发消费者购买意愿的核心，在拓展营销理论的研究中有着非常重要的意义。

从语体来分析，为了拉近营销人员与消费者的心理距离，电商营销语言属典型的口语化语言。口语化的沟通让消费者感到亲切，更相信当前商品的作用，可以促进营销过程转化为实际的购买行为。营销语言服务营销活动，目的是让当前商品能获得消费者关注、达成交易，所以在商品销售过程中销售人员对营销语言的运用带有一定的目的性[1]。

本书研究借鉴之前的研究结果，从语言学的角度出发，对营销语言进行界定。语言可以通过口语和文字两种不同形式来表达。口语表达是在营销过程中，营销人员与消费者之间面对面实时的讲话互动，可以是销售人员对用户单

---

[1] 罗国莹，刘丽静，林春波.语用学研究与运用[M].北京：中国书籍出版社，2013.

向输出，也可以是销售人员和用户之间相互的沟通。本书以塞尔的研究理论为基础，根据当前电商直播中主播话术的实际特点与不同类型的互动性，对直播营销话术互动进行分类。

> **电商营销话术**：以转化为实际购买行为作为目的，营销人员对消费者主导劝说性的口语表达行为。

2.4.3 电商营销语言的分类

根据电商营销语言的特征，本书从语言行为、句式和内容三方面来阐述。

1. 从语言行为角度分类

电商语言是一种说服性的言语行为，对电子商务语言的研究一般运用语言学理论进行分类。根据奥斯汀的研究可以将营销语言行为分为表达类、承诺类、阐述类、裁决类等类别。塞尔对之前理论进行研究后，梳理了语言行为的划分，将其分为表达类、宣告类、指令类、承诺类、断言类。这五种分类也成为了当前专家学者比较认同的语言划分方法。结合以上分类标准，本书将电商营销语言划分为阐述类营销语言、承诺类营销语言、指令类营销语言、表达类营销语言和宣告类营销语言。

（1）阐述类营销语言。此类营销语言是指营销人员对当前销售产品的外观、功能等特点进行说明，用肯定的语言进行描述，让消费者产生信任。所以，运用此类营销语言的前提是企业必须保证产品宣传的真实性，所表述产品的外观、功能都是真实的，不能夸大产品的功能、过度美化产品的外观，使消费者能对产品做出错误的判断。

（2）承诺类营销语言。此类营销语言的重点在承诺，通过承诺、许诺、保证等语言，向消费者做出肯定的表达。电商营销人员需要对当前销售产品的外观、性能、服务等做出保证，所以企业在制定统一营销语言时需要符合国家法律法规，站在消费者角度表达出企业真诚的服务态度，让消费者对企业的承诺放心。

（3）指令类营销语言。此类营销语言通过不同的营销场景对消费者进行不同程度的请求、建议等，让消费者做出营销人员希望看到的行为。营销人员的目的性很强，会通过语言中的程度副词如"赶紧""赶快""马上"等，让消费者在一定时间内做出行为。这样的指令性语言一般语气比较强烈，会对消费者内心产生压迫，让其在较短时间内做出反应，促成消费行为。

（4）表达类营销语言。此类营销语言通过营销人员介绍自己对产品与服务的感受，引发消费者产生共鸣。营销人员从消费者的角度表现出夸赞、惋惜、歉意等情绪状态，描述当前产品的客观事实，让消费者增加对当前产品的信任。

（5）宣告类营销语言。此类营销语言通过客观事实说明来解释商品或服务，营销人员不仅考虑语言因素，还会考虑语言之外的因素，会对消费者宣传产品功能之外的情况，比如以往购买产品的消费者体验，网红达人在商品的质量、功能、售后服务等方面的描述等。

2. 从语言句式角度分类

上文以语言行为标准划分了五种营销语言，如果从语言句式角度进行划分，电商营销语言可分为陈述类、祈使类、疑问类、感叹类四种营销语言。

（1）陈述类营销语言。电商营销人员在营销语言表述中主要使用陈述句来介绍产品外观、功能等特征，用平铺陈述的方式介绍产品的各方面信息，这种表达方式称为陈述类营销语言，是电商营销人员在描述产品时经常使用的语言表述方式。

（2）祈使类营销语言。为了督促消费者尽快订购商品，电商营销人员在组织商品营销语言时，一般在介绍商品的各种信息后使用祈使句式，如"我们一起……"或"让你成为……"等，其目的是加强营销语言的表达效果，让用户产生紧迫感、共鸣感，赶紧决定购买。

（3）疑问类营销语言。疑问类营销语言是指营销人员通过疑问式的语言让消费者产生关注，用反问与设问的提问形式吸引消费者注意。营销人员利用反问的方式，如直播中主播经常会说到的"您还在等什么呢？"此类方式就是营销人员采用反问的修辞语言对消费者进行提问，将自己的想法表达到反问语言中，问而不答，实则是为了抓住消费者心理，刺激消费者产生共鸣。

设问的方法是自问自答，营销人员自己设置疑问，再自行进行解答。电商营销人员通过给用户设置问题，然后分步给出答案，吸引消费者的关注，让消费者内心产生对产品深入了解的想法。在直播过程中，主播通常会说出几个问题，不需要消费者回答，而自行回答。这种让消费者产生疑问然后马上解决疑问的方式可以将更多的产品信息传递给消费者。

（4）感叹类营销语言。电商销售人员用感叹句式丰富语气、增加情感表达，此类营销语言称为感叹类营销语言。运用感叹词或感叹句的重点在于让消费者从语言表述中加强对产品的了解，如产品的卖点、功能、附加价值等信息，促进消费者购买意愿。同时通过感叹词和感叹句，也能让营销人员更好地表达出个人情感，烘托交流氛围。

由于电商语言有着营销的特殊性，不同语言句式能带来不同的表达效果，恰当地使用营销语言一方面代表销售人员的个人素养，另一方面也代表不同的营销方式，可以起到不同的营销效果。利用陈述句的特点，能很好地描述产品信息，简单明了、清晰易懂。使用祈使句、疑问句、感叹句则可以通过语法表现形式的不同，丰富语言中的情感，烘托气氛，是电商营销的重要销售手段。

3. 从语言内容角度分类

从语言内容的角度，可以将营销语言分为赞美类和比较类两类。

（1）赞美类营销语言。赞美类营销语言分为直接赞美和间接赞美，是指对当前销售产品进行各方面的赞美表达，包括产品功能、外观、服务、售后等，向消费者进行推荐。

而赞美又分为直接赞美和间接赞美。直接赞美的表达明确，不使用任何的修饰语法。间接赞美则运用修饰性语言和各种语法表现形式，如隐喻、修辞等。对于电商销售人员而言，更多的是需要使用间接赞美，以比喻、拟人、夸张、象征等修饰性语言对产品进行推荐。比如在直播间，主播形容当前正在销售的女士手提包产品时，对该产品的材料使用"像平静的湖面一样干净透彻"这样的语句来比喻，会使产品的介绍更加生动形象。

（2）比较类营销语言。电商营销人员在推荐产品时往往会通过与其他竞品的对比来突出自己产品的优势，通过实际对比让主播描述的产品特点更加生动且有说服力，同时也满足了消费者"货比三家"的消费心理。比如，直播一开始就说明"下面进行产品的优劣对比，不比不知道，一比吓一跳"，将本公司产品和市场上的竞品进行全方位的对比，通过"某某更……""某某较……"这样的对比语言，对产品各个方面分别做出细节对比分析，得出结论。

2.4.4　电商营销语言遵循的原则

1. 遵循合作原则

美国学者格莱斯于1967年首先提出合作原则，其目的是保证人际交往顺利进行。之后格林在此基础上做出了更为明确的解释，提出在互动交流中，无论是语言交流还是非语言交流都需要依照合作原则，保质保量。

保质指要求发言人力求讲话内容的真实，不说虚伪的话，不说无事实依据的话，不夸大其词。这个原则是电商营销话术的基础，需要电商直播人员严格执行。沟通双方交流时应遵守合作原则,尤其是质的准则,不遵守其他准则或许会被视为轻率或无礼,但违反质的准则就等于违背道德[1]。保量和保质紧密相连,指所说的话应满足但不超出交际所需的量。电商营销人员进行营销话术表达时需要以质的原则和量的原则为基础,合作原则的关键在于向消费者表述的产品信息需要真实有质并且可信准确,同时保持在适量范围内。

2. 遵循礼貌原则

英国学者利奇提出的礼貌原则包含了六条准则,即赞誉准则、得体准则、慷慨准则、一致准则、谦虚准则、同情准则。营销人员要想赢得消费者的关注,需要维护消费者的面子。

(1)维护消费者积极正面的形象。赞誉的准则是指电商营销人员的话术需要多赞美少批评。从电商营销语言中发现,营销人员使用更多的礼貌表达,能得到更好的营销结果。"消费者的文化水平不一致,但相较于批评,人们更乐于接受表扬。"[2]在语言使用时,消费者预设的身份是其真实身份或其所期望的社会身份,所以营销人员应尊重消费者积极正面的形象,满足消费者的面子需求。

(2)满足消费者的需求。营销话术的目的是从顾客角度出发,让顾客的需求得到满足。电商营销者在营销沟通的时候需要遵循相关准则,多说赞美的话,尽量少贬低,多讲让对方受益的语言,让消费者在互动沟通中获得满足。同时,不同的顾客对不同的产品有着不同的需求,要求营销人员对不同产品运用不同的表达方式,精准地找到顾客需求点,满足消费者的不同诉求。

(3)赞同消费者的信念。一致准则是在互动交流中,

---

[1] 何自然,冉永平.新编语用学概论[M].北京:北京大学出版社,2015.

[2] 尹波.礼貌原则在广告语中的应用[J].大学英语(学术版),2008(1):41-43.

减少与对方的不一致，让对方与自己产生共同话题。使用营销语言时，营销者需要和消费者想法保持一致，遵守一致准则，迎合消费者的爱好和信念，随之与对方产生共鸣以保证信念预设的成功。

3. 遵循得体原则

为了使电商营销语言有很好的转化率，需要遵循得体原则，加强语言表达效果。在营销过程中，营销人员应创造合适的语言环境让自己的营销话术更适合当前产品的推荐，同时尽量符合主流价值观。

营销语言作为连接产品和消费者的重要手段，在电商营销过程中能很好地引导和说明产品特点，也是营销人员和顾客之间互动交流的语言中介。对于用户来说，会根据电商购物平台上营销人员使用的营销语言作为判断因素来决定是否购买商品。营销语言的目的就是达成交易，目的性很强。通过收集与分析以往的相关文献发现，之前的研究重点主要集中在传统的营销语言方面，而电商语言发展的时间较短，因此相关研究比较少。因此从语言学角度出发研究电商语言尤其是直播语言目前尚有很大的开拓空间。随着互联网技术的发展，营销模式发生了很大变化，电商购物已经成了人们日常购物的主要渠道，作为沟通企业和消费者之间的重要连接手段，营销语言是电商购物营销过程中的重要部分。对比传统电商营销模式，直播电商营销语言具有实时互动性，在直播过程中需要营销者和消费者即时地互动转换交流，营销话术成为直播营销语言的重要表现形式。

因此，本书基于语言学的研究方向，对电商营销中的营销语言进行探究。根据电商营销话术的特点，本书拟将直播营销话术定义为：直播过程中，主播通过与消费者双向的互动交流，经解说与引导后促成交易达成。主播的营销话术分为任务导向型话术与关系导向型话术，任务导向型话术以阐明、承诺、指令类语言为主，关系导向型话术以表达、宣告类语言为主。对这两种话术进行分析，有助于主播在直播过程中选取合适的语言话术与消费者进行交流互动从而促进消费者的购买意愿。

2.5 产品类型研究概述

2.5.1 产品的定义

产品通常是指具有物质形状、可以提供用途的物质实体，比如服装、电器、食品、汽车等。消费者在实际生活中购买某种产品，并不只是为了得到产品的物质实体，使用其功能，同时也是通过购买该物品获得精神或其他方面的满足。因此，营销学之父菲利普·科特勒认为，产品是指为满足消费者需求提供给市场的任何东西，可以是有形产品，也可以是无形产品，包括服务体验等。其中，有形产品包含了产品功能、品质、式样、特色等；无形产品包含了带给消费者心理上的满足感与附加利益等，能够刺激消费者完成购买产品或服务的行为[1]。

2.5.2 产品的分类

产品种类是研究市场营销和消费意愿的主要对象，产品的种类非常丰富，当前专家学者对此领域已进行了大量的研究分析。

美国经济学家凡勃伦（1898）在《有闲阶级论》中指出，消费者购买商品不仅是为了获得产品的功能，也是为了显示其社会地位和权力。2005 年，Okada 的研究中指出，消费者有不同的消费决策模式和支付模式，一部分消费者

---

[1] Keller K L. Conceptualizing, Measuring, and Managing Customer-Based Brand Equity [J]. Journal of Marketing, 1993, 57(1): 1-22.

喜欢选择产品的功能性，为具备功能性的产品付款；而有些消费者则更倾向于产品的享乐性，为享乐产品支付货款[1]。Voss等（2003）在衡量消费者享乐主义和功利主义维度的研究中发现，消费者对待功能性和享受性的态度会在购买产品时影响其购买态度，文中将产品划分为低功能性和低享受性产品、高功能性和低享受性产品、低功能性和高享受性产品、高功能性和高享受性产品4种类型[2]。此外，产品的享受性利益与功能性利益会影响消费者对品牌的态度，企业通过提升品牌力与产品的享受型或者功能型利益来影响消费者的购买意愿与行为（Voss, 2003; Konecnik, 2007）。

Mittal和Kamakura（2001）经过实证研究也指出，产品可以划分为两类即功能品和享受品，其中，功能性产品突出产品的功能或卖点，享受性产品则强调产品带来的快乐或自我定位，同时不同类型的产品都或多或少同时具有功能属性和享受属性[3]。在国内，赵占波和涂荣庭（2009）通过对运动鞋与手机行业进行研究，指出购买运动鞋的顾客比较强调享受属性，而购买手机的顾客比较强调功能属性[4]。学术界普遍认为，对于单一的同一款产品，往往同时具有不同程度的功能属性和享乐属性[5]。

[1] Okada E M. Justification Effects on Consumer Choice of Hedonic and Utilitarian Goods [J]. Journal of Marketing Research (JMR), 2005, 42(1): 43–53.
[2] Voss K E, Spangenberg E R, Grohmann B. Measuring the Hedonic and Utilitarian Dimensions of Consumer Attitude [J]. Journal of Marketing Research, 2003, 40(3): 310–320.
[3] Mittal V, Kamakura W A. Satisfaction, Repurchase Intent, and Repurchase Behavior: Investigating the Moderating Effect of Customer Characteristics [J]. Journal of Marketing Research, 2001, 38(1): 131–142.
[4] 赵占波，涂荣庭. 产品属性测量中的二维结构：一项实证研究 [J]. 管理学报，2009, 6(1): 70–77.
[5] 胡彦蓉，刘洪久，吴冲. 产品属性对品牌资产影响实证研究——基于顾客心智的视角 [J]. 商业经济研究，2015(4): 58–61.

关于产品的分类形式，目前国内学术界应用最广泛的分类法有四种类型：功能品和享乐品、高卷入型产品和低卷入型产品、便利选购品和特殊品、搜索型产品和体验型产品等。

（1）功能品和享乐品。大多数的专家学者比较认同这种分类。功能品的主要目的在于满足消费者对产品功能与使用上的需求，重点向消费者展示功能型产品发挥出的实用性，达成消费任务。享乐品注重提供愉快的产品体验与精神满足，让消费者在使用产品的同时可以产生快乐和美好的感受，在使用过程中充满乐趣[1]。

Ryu 等（2010）在影响消费者判断的研究中，对产品的划分方式也同样采用了功能型和享乐型分类，认为此种分类法能更加准确地反映消费者的对产品的偏好[2]。享乐型产品可以让人们更快乐轻松，产生美好的体验，获得精神上的自我满足。Batra 和 Ahtola（1991）发现功能型产品可以通过硬件设备特定的功能与使用技巧为消费者提供优质服务，解决实际需求，实现更美好的生活[3]。有学者认为人们在享乐型产品上更愿意花费时间与精力，花心思设计的享乐型产品提供给消费者不同的产品体验，促进了消费者对产品质量的感受[4]。

（2）高卷入型产品与低卷入型产品。Vaughn（1980）

---

[1] Michal S, Myers J G. Donations to Charity as Purchase Incentives: How Well They Work May Depend on What You are Trying to Sell [J]. Journal of Consumer Research, 1998, 24(4): 434-446.

[2] Ryu K, Han H, Jang S S. Relationships Among Hedonic and Utilitarian Values, Satisfaction and Behavioral Intentions in the Fast-casual Restaurant Industry [J]. International Journal of Contemporary Hospitality Management, 2010, 22(3): 416-432.

[3] Batra R, Ahtola O T. Measuring the Hedonic and Utilitarian Sources of Consumer Attitudes [J]. Marketing Letters, 1991, 2(2): 159-170.

[4] Darby M R, Karni E. Free Competition and the Optimal Amount of Fraud [J]. Journal of Law and Economics, 1973, 16(1): 67-88.

在《广告如何运作规划》一文中提出这一分类法[1]。高卷入型产品让消费者在获得产品之前就参与到产品设计制造中去，高端定制产品如汽车，消费者在购买前就能参与到产品开发中。而对应的日用品、快消品等市场上比较普遍的标准产品，属于低卷入型。

（3）便利选购品和特殊品。Copeland（1923）通过顾客获得产品需要付出的时间多少将产品区分为便利选购品和特殊品[2]，顾客为获得产品付出的精力越多，产品就越特殊。

（4）搜索型产品和体验型产品。顾客能够通过现有渠道搜索商品的各种信息从而了解商品好坏的称为搜索型产品；体验型产品则是消费者不能通过搜索产品的功能特点来了解，而需要使用后才能了解产品的好坏，有时甚至需要多次使用后才能准确判断是否满足需求。

通过查阅文献发现，专家学者大多数根据个人不同的研究对象和研究环境对产品进行分类，也产生了较多的其他分类方式。姚琦等（2020）通过对体验型产品和消费者自我感觉进行研究，认为两者之间联系密切，对于产品体验的判断没有非常明晰的标准，通常会把最容易衡量的价格指标作为产品质量高低的判断标准[3]，因此产品可以划分为物质型和体验型两类。

在市场营销管理与消费心理研究领域经常使用功能型和享乐型产品的分类法，史娟娟（2017）采用了这样的划分方式，在《品牌标志的个性诠释对品牌初始信任的影响》

---

[1] Vaughn R. How Advertising Works: A Planning Model [J]. Journal of Advertising Research, 1980, 20(5). 27-33.
[2] Copeland M T. The Relationship of Consumers' Buying Habits to Marketing Methods [J]. Harvard Business Review, 1923, 1(2): 282-289.
[3] 姚琦, 吴章建, 符国群. 一分钱一分货——权力感对消费者价格-质量判断的影响 [J]. 南开管理评论, 2020, 23（5）: 112-123.

的研究中按此方式进行分类[1]。张艳辉和李宗伟（2016）通过对当前网络购物环境的研究，发现可将产品分为搜索型和体验型，搜索型产品的在线收入受互联网上消费者评价的影响较大[2]。朱翊敏和于洪彦（2017）在《在线品牌社群顾客融入意愿研究》一文中，使用了功能型和享乐型的产品分类方法[3]。

Verhagent等（2010）认为，功能型产品注重解决用户实际需求，帮助消费者完成具体的任务；享乐型产品注重用户的快乐体验与身份认同，给消费者带来视觉、听觉、感官情绪的愉悦感以及产品定位的身份认同。功能型产品带给消费者的感受是客观的而享乐型产品带给消费者的感受是主观的，这是两者的主要不同之处[4]。通常，顾客在选择功能型产品时，会通过各种渠道搜集产品信息，希望购买的产品能物尽其用，解决实际需求，但消费者购买享乐型产品的原因则比较简单，可能只看中了产品某几点特征就会购买，对其他方面的性能反而不太关注[5]。消费者购买功能型产品，除了搜集产品信息外，还会货比三家，因此会对功能型产品有更为客观、清晰的了解，而对于享乐型产品而言，消费者受到的主观影响会大于客观影

---

[1] 史娟娟.品牌标志的个性诠释对品牌初始信任的影响研究[D].深圳大学硕士学位论文，2017.
[2] 张艳辉，李宗伟.在线评论有用性的影响因素研究：基于产品类型的调节效应[J].管理评论，2016，28(10)：123-132.
[3] 朱翊敏，于洪彦.在线品牌社群顾客融入意愿研究：产品类型的调节[J].商业经济与管理，2017(12)：49-59.
[4] Verhagent T, Boter J, Adelaar T. The Effect of Product Type on Consumer Preferences for Website Content Elements: An Empirical Study [J]. Journal of Computer-Mediated Communication, 2010, 16(1): 139-170.
[5] Bridges E, Florsheim R. Hedonic and Utilitarian Shopping Goals: The Online Experience [J]. Journal of Business Research, 2006, 1(4): 309-314.

响[1][2][3][4]。

有学者的研究提出,对于选择功能型产品的消费者,他们具有较强的自我行为控制能力,而选择享乐型产品的消费者对自身的消费行为掌控能力则比较弱。有研究表明,对人们工作生活方面更有帮助的是功能型产品[5]。对于享乐型产品而言,给用户带来美好的感受时,也会附带让消费者产生不安感[6]。

通过对以上的分析可以发现,消费者会根据自身的意愿与购物情境购买不同类型的产品,所以,本书将选择产品类型作为调节变量。

2.5.3 产品研究理论

在产品与品牌的研究方面,Cyr等(2006)指出消费者对产品感知到的功能性利益,比如产品的舒适性与有用性,能影响消费者对品牌的忠诚度[7]。此外,Grimm

---

[1] Noble S M, Griffith D A, Weinberger M G. Consumer Derived Utilitarian Value and Channel Utilization in a Multi-channel Retail Context [J]. Journal of Business Research, 2004, 58(12): 1643-1651.

[2] Park C W, Moon B J. The Relationship between Product Involvement and Product Knowledge: Moderating Roles of Product Type and Product Knowledge Type [J]. Psychology and Marketing, 2003, 20(11): 977-997.

[3] To P L, Liao C C, LIN T H. Shopping Motivations on Internet: A Study Based on Utilitarian and Hedonic Value [J]. Technovation, 2007, 27(12): 774-787.

[4] 刘红艳,王海忠,郑毓煌. 微小属性对品牌评价的放大效应 [J]. 中国工业经济,2008(12):103-112.

[5] Maslow A H. Motivation and Personality [M]. 2nd ed. New York: Harper & Row, 1970.

[6] Lunardo R, MBENGUE A. When Atmospherics Lead to Inferences of Manipulative Intent: Its Effects on Trust and Attitude [J]. Journal of Business Research, 2013, 66(7): 823-830.

[7] Cyr D, Head M, Ivanov A. Design Aesthetics Leading to M-loyalty in Mobile Commerce [J]. Information & Management, 2006, 43(8): 950-963.

（2005）通过分析产品功能性利益引导顾客购买的过程，发现功能性利益对消费者评价品牌绩效和感知质量有正向影响[1]。消费者感知产品的功能利益越大，越影响消费者的态度，从而会提升企业的品牌力[2]。Thorbjørnsen 和 Supphellen（2004）指出，当用户浏览网页时，享乐动机会对品牌忠诚产生影响，同时也增加了浏览的频率[3]。Orth 和 Malkewitz（2008）发现，如果在产品设计中加入享乐性元素，会对品牌形象产生不同的影响[4]。Biedenbach 和 Marell（2010）也提出，当品牌被归入产品的享受性体验时，能有效地提高消费者品牌意识，进而提高消费者的品牌联想[5]。

在产品与消费者评价的研究方面，消费者普遍认为大多数人的选择往往是正确的，当消费者看到有很多人拥有同款功能型产品时，会提高对该功能型产品的评价[6]。对于类似于扳手、摩托车等这种功能型产品，购买的消费者人数越多，对潜在购买者的吸引力则越大。以往的学者认为自我表达型产品往往是差异化的、稀缺的产品[7]，消费者会

---

[1] Grimm P E. Ab Components' Impact on Brand Preference [J]. Journal of Business Research, 2005, 58(4): 508-517.
[2] Homer P M. Perceived Quality and Image: When All is Not "Rosy" [J]. Journal of Business Research, 2008, 61(7): 715-723.
[3] Thorbjørnsen H, Supphellen M. The Impact of Brand Loyalty on Website Usage [J]. The Journal of Brand Management, 2004, 11(3): 199-208.
[4] Orth U R, Malkewitz K. Holistic Package Design and Consumer Brand Impressions [J]. Journal of Marketing, 2008, 72(3): 64-81.
[5] Biedenbach G, Marell A. The Impact of Customer Experience on Brand Equity in a Business-to-business Services Setting [J]. Journal of Brand Management, 2010, 17(6): 446-458.
[6] Steinhart Y, Kamins M, Mazursky D, et al. Effects of Product Type and Contextual Cues on Eliciting Naive Theories of Popularity and Exclusivity [J]. Journal of Consumer Psychology, 2014, 24(4): 472-483.
[7] Tian K T, Bearden W O, Hunter G L. Consumers' Need for Uniqueness: Scale Development and Validation [J]. Journal of Consumer Research, 2001, 28(1): 50-66.

通过使用自我表达型产品有意将自己与其他人区分开来,因此当只有比较少的消费者拥有此产品时,消费者的评价会越高,购买意愿也会越高。

在产品类型测量的研究方面,根据需求的不同,对功能型与享乐型两种产品类型进行测量的量表有以下两种。第一种是 Voss 等(2003)在《衡量消费者对产品不同的享乐主义和功利主义的态度》中提出的经典测量量表[1],功利主义(utility, UT)与享乐主义(hedonic, HED)量表总共包括十个测量题项,其中五个是消费者享乐主义态度的维度,五个是消费者功利主义态度的维度。这两种是当前学术界使用比较广泛的可靠、有效的测量量表。

第二种是 Khan 和 Dhar(2010)在《购买享乐型和功利型捆绑产品的价格框架效应》一文中使用的方法[2],其将纯享乐型和纯功能型从 1 到 9 划分为 9 点量表,1 代表纯享乐型,9 代表纯实用型。1—9 依次划分为:纯享乐型、享乐程度高、享乐程度中等、享乐程度低、享乐与实用程度相同、实用程度低、实用程度中等、实用程度高、纯实用型。在问卷调查中,让测试者对列出的不同产品进行评分,选出相对的功能型和享乐型产品再进行平均计算以确定测试产品。本书以 Khan 等(2010)的理论为基础,选择合适的产品进行预实验与正式实验,论证该产品作为实验操纵的有效性。

通过对以上产品分类文献的梳理总结,本研究将采用 Rajeev 和 Olli(1990)[3]的产品分类方式,将产品种类划分

---

[1] Voss K E, Spangenberg E R, Grohmann B. Measuring the Hedonic and Utilitarian Dimensions of Consumer Attitude [J]. Journal of Marketing Research, 2003, 40(3): 310-320.

[2] Khan U, Dhar R. Price-framing Effects on the Purchase of Hedonic and Utilitarian Bundles [J]. Journal of Marketing Research, 2010, 47(6): 1090-1099.

[3] Rajeev, B, Olli T A. Measuring the Hedonic and Utilitarian Sources of Consumer Attitudes [J]. Marketing Letters, 1990, 2(2): 159-170.

为功能型与享乐型,功能型产品注重实用性,重点在解决消费者的具体需求,享乐型产品则能给人带来愉悦的体验。同时采用 Khan 的测量方法作为产品类型的测量方法。

2.6 感知质量理论

2.6.1 感知质量的定义

学术界目前存在很多关于质量的定义,虽然表达方式各不相同但基本特点一致,形成了比较公认的基本理论。Hjorth(1984)认为质量的表现形式可以分为客观质量和主观质量两种形式,不必局限于其中一种[1]。客观质量是指产品的实际使用性能,即产品的整体功能能否达到行业要求的水准,是描述产品技术与质量水平的标准。主观质量是指消费者对产品的主观认知,是消费者主观判断产品是否满足消费者需求的一种感觉。

感知质量的研究始于 20 世纪 70 年代,Jacoby 等人(1971)将感知质量定义为消费者对产品质量的综合判断,判断标准包括品牌、价格等维度,是一种主观上的认知[2]。Steenkamp(1990)认为消费者对产品的感知质量是自身的价值判断行为,消费者在不断变化的需求情况下了解到产品质量等相关功能信息后,经过自己的主观分析,做出是否与产品相符合的判断[3]。Mitra 和 Golder(2006)在感知质量的基础上提出质量预期,认为感知质量是消费者个人

---

[1] Hjorth A. The Concept of Quality and the Efficiency of Markets for Consumer Products [J]. Journal of Consumer Research, 1984, 11(2): 708-718.

[2] Jacoby J, Olson J C, Haddock R A. Price, Brand Name and Product Composition Characteristics as Determinants of Perceived Quality [J]. Journal of Applied Psychology, 1971, 55(6): 570-579.

[3] Steenkamp J B E M. Conceptual model of the quality perception process [J]. Journal of Business Research, 1990, 21(4): 309-333.

主观上的理解，是基于质量预期的前提下消费者对产品综合性能的评估。一般而言，消费者会根据自己或者身边人的体验，对产品质量进行预期，结合了解到的各方面信息，如产品质量、价格、口碑、折扣等，然后形成自己的认知。相比客观质量，感知质量不完全受消费者自身对产品使用体验的影响[1]。

产品质量也可以划分为属性质量和感知质量两类[2]。产品属性质量一般是通过产品整体上技术是否领先、质量是否优异来衡量[3]。相比产品属性质量，感知质量更关注客户对于商品质量的感受，与客观属性质量不同，是消费者对产品质量的一种主观感觉[4]。Olson（1972）较早提出产品感知质量的概念，他认为产品感知质量是指对质量的综合评估[5]。Churchill 和 Superenant（1982）等提出产品感知质量是属性质量和价值判断的综合体现[6]。Maynes（1976）从消费者个人意识和观念的角度出发，认为消费者是根据个人的判断，而不是人们普遍认为的客观质量来进行产品的质量评价[7]。Kirmani 和 Baumgartner（2000）对感知质量

---

[1] Mitra D, Golder P N. How Does Objective Quality Affect Perceived Quality? Short-Term Effects, Long-Term Effects, and Asymmetries [J]. Marketing science, 2006, 25(3): 230-247.

[2] 侯永.体验产品中延伸信息对延伸产品事前感知质量的影响研究[D].哈尔滨工业大学博士学位论文，2016.

[3] 江明华，郭磊.商店形象与自有品牌感知质量的实证研究[J].经济科学，2003(4): 119-128.

[4] 韩威.自有品牌感知质量对店铺印象的影响研究[D].吉林大学硕士学位论文，2008.

[5] Olson J C. Research of Perceiving Quality [J]. Emerging Concepts in Marketing, 1972(9): 220-226.

[6] Churchill G A, Superenant C F. An Investigation Into the Determinants of Customer Satisfaction [J]. Journal of marketing Research, 1982, 19(4): 491-504.

[7] Maynes E S. The Concept and Measurement of Product Quality [J]. Household Production and Consumption, 1976, 40(5): 529-584.

研究后提出，感知质量是用户对产品各种优越性能进行分析后的评价[1]。Parasuraman 等（1988）认为，感知质量是消费者判断产品整体性能否满足需求的标准[2]，感知质量是消费者的主观感受，是对提供产品的价格、价值等信息的整体感知，而不是客观层面上的测试数据。Olshavsky 和 Miller（1972）提到，产品的感知质量与消费者预期的产品质量相关[3]。Chapman 和 Wahlers（1999）通过对已有研究理论进行分析，认为感知质量是消费者对商品各方面的信息包括功能与售后等所表现出来的态度[4]。Mitra 和 Golder（2006）将预期质量概念引入感知质量中，认为感知质量不是通过产品的使用形成的，而是通过用户搜索产品、了解其他消费者对产品的评价、在企业的促销活动中收集各种信息后形成[5]的。

专家学者在感知质量的研究中总结了感知质量的四大特征，分别是抽象性、非全面性、主观性和相对性[6]。抽象性指产品的感知质量来源于消费者对自己搜集到的信息的判断，关于感知质量的测量与评价并没有一套固定的标准。

---

[1] Kirmani A, Baumgartner H. Reference Points Used in Quality and Value Judgement [J]. Marketing Letters, 2000, 11(4): 299-310.

[2] Parasuraman A, Zeithaml V A, Berry L L. A Multiple-item Scale for Measuring Consumer Perception of Service Quality [J]. Journal of Retailing, 1988, 64(1): 12-40.

[3] Olshavsky R W, Miller J A. Consumer Expectations, Product Performance, and Perceived Product Quality [J]. Journal of Marketing Research, 1972, 9(1): 19-21.

[4] Chapman J, Wahlers R. A Revision and Empirical Test of the Extended Price-perceived Quality Model [J]. Journal of Marketing Theory and Practice, 1999, 7(3): 53-64.

[5] Mitra D, Golder P N. How Does Objective Quality Affect Perceived Quality? Short-Term Effects, Long-Term Effects, and Asymmetries [J]. Marketing science, 2006, 25(3): 230-247.

[6] 李静. 品牌认知对消费者感知质量影响的研究 [D]. 北京邮电大学博士学位论文，2011.

非全面性指大部分顾客都会站在自己的角度，将自己认为需要重点关注的指标作为评估产品质量的标准，但很难找到所有的衡量因素，因此有一定的非全面性。主观性指感知质量是消费者的一种态度，即使是同一款产品，由于感知态度的不同，消费者会有不同的感知质量水平。相对性指消费者的感知质量评估是相对的，顾客了解产品的信息有限，印象相对模糊，不能明确地表达对商品质量的看法，所以难以做出相对真实的判断与评价。

根据上文研究，本书认为感知质量是消费者对产品质量的一种态度，是对产品的功能与服务等质量水平的主观感受。

2.6.2 消费者感知质量研究概述

著名营销专家 Gronroos 通过对认知心理学的研究，认为目前对消费者感知质量研究领域中的"消费者感知服务质量模式"最有代表性。他认为顾客在消费行为中感受到的产品的真实质量和内心对产品的预期质量进行对比后的结果就是消费者的感知质量[1]。这个质量模型的核心是消费者是质量的真正检验者，认为商品在生产过程中的技术质量和商品的服务质量是商品的真实质量产出，是顾客在产品体验后得到的客观感受。真实质量是指对产品和服务的使用评价，是用户在产品使用和服务体验过程中自己真实感受的一种评价。期望质量是指在消费者在购买产品或享受服务之前，通过其他渠道了解到的产品和服务信息，或根据自己的需要所设想的产品和服务的质量水平。

功能质量和技术质量不仅体现企业的质量实力，还对消费者实际接受服务质量产生影响，用户实际接受的产品

---

[1] Gronroos C, Books L. Service Management and Marketing: Managing the Moments of Truth in Service Competition [M]. Lexington Books, 1990.

体验和服务质量与消费者购买产品前的预期质量之间的差异即是消费者的感知服务质量。

关于感知质量与消费者购买意愿机制的研究表明，消费者的购物情绪会受到营销人员营造的交流氛围、购买的地点选择、终端展示与呈现的影响，因此会对消费者的感知价值产生作用[1]。电商平台的详情页设计和BGM也会影响顾客的购买意愿，同时客服人员的穿着和沟通交流能力会影响消费者的认知以及对店铺的评分[2]。虽然消费者的购物可能是一次性事件或消费者状态的积累，但仍能影响消费者对商品的评价内容和方式[3]。顾客即使在同一购物环境中，也会由于个人特点的不同而产生不同的感知价值。因此，企业在讨论促销方案时需要将产品、消费者、环境等多方面因素考虑进去[4]。国内学者陈再福（2013）通过对线下实体店的研究发现，产品本身的质量、价格、优惠措施、售后服务以及店面环境等都会影响消费者的购买意愿[5]。消费者决定购买产品一方面受到商家营销人员的推荐与演示的影响[6]，另一方面也通过其他购买者的意见影响其自身的感知价值[7]。

消费者在购买商品之前对产品或服务的信息了解不完全，因此在多数情况下消费者会以自己的预期质量作为衡

---

[1] Philip Kotler. Harvesting Strategies for Weak Products Business Horizons, 1978, 21(4): 15-22.
[2] Engel J F, Blackwell R D, Miniard P W. Consumer Behavior (8th ed.) [M]. Chicago: The Fryden Press, 1995.
[3] 龚振. 消费者行为学 [M]. 北京：高等教育出版社，2014: 69-87.
[4] 符国群. 消费者行为学（第2版）[M]. 北京:高等教育出版社，2010: 173-196.
[5] 陈再福. 商店形象、感知价值与顾客惠顾意愿关系研究 [J]. 兰州商学院学报，2013, 29(3): 23-29.
[6] 德尔·J. 霍金斯，罗格·J. 贝斯特，肯尼斯·A. 科尼，符国群等, 译. 消费者行为学 [M]. 北京机械工业出版社，2003: 351-353.
[7] 同 [4] 书, 173-196.

量产品质量的标准,在这种不完全了解信息的情况下会产生不客观、不完整或者较为模糊的质量判断,带有强烈的消费者个人的主观色彩[1]。

包金龙和袁勤俭(2019)在 S-O-R 理论模型框架基础上探索了销售商实力和产品质量特征对消费者购买意向的影响,感知质量和感知信任在两者关系中起到中介作用,能在消费者购买产品过程中促进购买意愿[2]。刘瑞东和金英伟(2019)通过对前景理论的研究指出,文化产业领域的产品,其市场参考价格对消费者购买意愿有较大影响,感知质量在市场参考价格和消费者的购买意愿中有着中介作用[3]。张弘等(2017)从企业自有品牌的销售行为中发现,消费者的购买意愿受到消费者感知质量的影响。而感知质量受到企业的广告、产品的价格、质量、包装、优惠政策以及服务品质的影响,起到了中介作用[4]。

姚琦和崔常琪(2017)从消费者对商品评价、商品展示位置的角度进行研究,认为消费者购买意愿受产品评价口碑的数量和评价内容、产品在页面的展示位置影响。同时从商品质量、评价、服务多个角度衡量消费者的感知质量,认为消费者感知质量起到了中介作用,并对电商平台提出建议,优化主销品在平台页面的展示位置,同时加强监管消费者的口碑数量与评价内容[5]。

研究表明,有专家通过对产品使用行为的发生节点作

---

[1] McGoldrick P J. Grocery Generics: An Extension of the Private Label Concept [J]. European Journal of Marketing, 1984, 18(1): 5-24.

[2] 包金龙,袁勤俭."新零售"背景下电商平台系统式线索对消费者购买意向的影响 [J].中国流通经济,2019,33(12):25-33.

[3] 刘瑞东,金英伟.文化创新产品参考价格对购买意愿的影响——基于定价策略视角的研究 [J].财经问题研究,2019(07):121-129.

[4] 张弘,昝杨,李智.我国零售商自有品牌决策机制与策略研究 [J].价格理论与实践,2017(1):149-152.

[5] 姚琦,崔常琪.电商推荐商品的网络线索对消费者购买意愿的影响研究 [J].当代经济管理,2017,39(11):22-30.

为标准划分感知质量，分为使用前感知质量和使用后感知质量。使用前质量是指消费者在购买产品之前对产品的质量评估，使用前质量正向影响了消费者的购买意愿，消费者在使用前感知的质量预期高，会更倾向于购买该产品，而消费者在购买产品后，亲自体验到的产品质量即使用后感知质量。消费者会对使用前感知质量和使用后感知质量做对比，使用前感知的质量的结果决定了用户实际使用后的心理落差，两者落差越小则表明消费者购买商品的风险越小，可以帮助消费者购买到满意的商品。

在感知质量和顾客满意度之间的关系研究方面，Yoon等人（2020）从技术的角度对消费者满意度进行探究，认为技术对消费者满意度没有直接的作用[1]，需要技术结合对消费者产生影响的产品或者服务一起发挥作用。所以为了方便研究，将技术价值对产品质量产生的影响做了模型设计，从产品质量角度入手，将技术嵌入产品，通过技术价值影响产品质量，使消费者对产品产生满意感。Parker等（2021）研究了企业绩效事件的顺序和间隔影响利益相关者对企业的感知质量，选取对产品前后的不同评价来衡量企业的绩效成果，认为通过不同顺序和间隔出现的绩效成果会对消费者判断企业感知质量产生影响[2]。

关于感知质量与品牌的研究，王新新等（2021）提出产品品牌的感知质量影响品牌感知价值、品牌忠诚度和顾客满意度[3]。Roderick（2001）指出品牌是影响消费者对

---

[1] Yoon B, Jeong Y, Lee K, et al. A Systematic Approach to Prioritizing R&D Projects Based on Customer-perceived Value Using Opinion Mining [J]. Technovation, 2021, 98(1): 102-118.

[2] Parker O, Gong K, Mui R, et al. Order Matters: How Altering the Sequence of Performance Events Shapes Perceived Quality Formation [J]. Journal of Business Research, 2021, (126): 48-63.

[3] 王新新，高俊，冯林燕，等. 弱主动服务行为的概念、影响及机制研究[J]. 管理世界，2021, 37(1): 150-169+10.

于产品感知质量的重要影响因素,同时消费者对产品的感知质量也会使顾客对当前品牌的感知和评价产生作用[1]。Netemeyer 等(2004)通过实证研究的方法,对品牌资产维度进行探究,指出商品的质量相对于其他产品更好,能体现出品牌的好坏,商品品质不是客观特性评价,而是对产品主观性的评价[2]。Tülin 等(2006)从消费者对品牌信任的角度,研究如何影响消费者的感知质量,指出相较于低信任度品牌,消费者对高信任度品牌的感知质量更高,善于规避风险的用户会通过其他消费者的评价、当前商品的品牌影响力决定其是否购买[3]。

Aaker(1991)指出品牌资产由五大资产构成,即品牌意识(brand awareness)、品牌忠诚(brand loyalty)、感知质量(perceived quality)、品牌联想(brand associations)和其他品牌资产(如商标、专利与渠道关系等)。其中,品牌忠诚是品牌资产的核心,主要受感知质量和品牌联想的影响[4]。

关于商品价格对消费者感知质量的影响,大多数顾客相信,价格越高的商品感知质量也越高。价格是市场供需调节下的成果,是商品竞争过程中达到的动态平衡,将垄断的特殊因素去除,消费者一般会认为高质量的产品需要企业投入更多的成本,所谓便宜无好货,好货不

---

[1] Roderick J B. Brand Asset Management: Driving Profitable Growth through your Brands [J]. Journal of business & industryal marketing, 2001, 16(1): 69-72.

[2] Netemeyer R G, Krishnan B, Pullig C, et al. Developing and Validating Measures of Facets of Customer-based Brand Equity [J]. Journal of business research, 2004, 57(2): 209-224.

[3] Tülin E, Joffre S, Ana V. Brands as Signals: A Cross-Country Validation Study [J]. Journal of Marketing, 2006, 70(1): 34-49.

[4] Aaker D A. Equity Managing Brand Equity, Capitalizing on the Value of a Brand Name [M]. New York: Free Press, 1991.

便宜[1]。

在感知质量的测量维度研究方面，Brucks 等（2000）认为感知质量可以从多方面的维度进行划分，分别是性能、声誉、易用性、服务能力、多功能性、耐用性等[2]。Garvin（1987）同样对感知质量进行了划分，认为感知质量可以划分为八个维度，包括产品寿命、符合既定标准的设计和操作特性、售后服务、特征表现、特色、特定时间段内失效的概率与故障、审美和声誉等[3]。基于不同的研究目的与研究方向，专家学者根据不同的感知质量分类标准搭建了感知质量模型。依据划分维度的不同，感知质量的测量题项和方式也随之变化，例如 Dodds 等（1991）建议使用 5 个问题题项测量感知质量，即产品质量、产品信度、产品可靠性、产品工艺水平和产品的耐久性[4]。

部分学者建议使用 6 个问题题项来衡量产品的感知质量，分别是性能、耐用性、服务能力、功能多样性、易用性和声誉。肖茹丹（2017）通过研究互联网文化环境下 IP 孵化对产品购买意愿的影响，分析了虚拟产品的感知质量[5]。由于虚拟产品没有实体产品的耐用性、实物的工艺水平等特征，虚拟产品的感知质量包括三个维度，即产品特点、产品

---

[1] Teas R K, Agarwal S. The Effect of Extrinsic Products Cues on Consumers' Perception of Quality, Sacrifice and Value [J]. Journal of the Academy of Marketing Science, 2000, 28(2): 278−290.

[2] Brucks M, Zeithaml V A, Naylor G. Price and Brand Name as Indicators of Quality Dimensions for Consumer Durables [J]. Academy of Marketing Science, 2000, 28(3): 359−374.

[3] Garvin D A. Competing on the Eight Dimensions of Quality [J]. Harvard Business Review, 1987, 65(6): 101−103.

[4] Dodds W B, Monroe K B, Grewal D. Effects of Price, Brand, and Store Information on Buyers Product Evaluations [J]. Journal of Marketing Research, 1991, 28(3): 307−319.

[5] 肖茹丹. 消费者感知视角下网络文学 IP 孵化影视产品购买意愿的影响因素研究 [D]. 吉林大学，2017.

质量和品牌形象。本书采用以上三个维度的问题量表对被试者进行感知质量测量，再根据研究对象的不同类别以及研究主体的需要，使用认知和情感两个维度对感知质量进行测量，并在方案设计部分制定了详细的调查测量问题。

在产品类型对感知质量影响机制的研究方面，很多专家学者认为，顾客在进行消费购买的过程中，不同商品种类对感知质量有着不同的影响。消费者购买功能品主要受到产品性能期望的驱动，更加看重产品的客观属性和产品功能知识，认知质量机制更容易影响消费者的购买意愿。顾客购买享受品主要受自身主观意识的影响较大，感官上心情愉悦，享受产品带来的快乐，此时消费者做的决定缺少理性而偏重感性，情感质量对消费者购买意愿的影响更为明显。使用人数较多的产品能给消费者带来更多的信息，让消费者更多地了解产品，这些信息作用于消费者感知质量，进而对消费者购买意愿产生作用[1]。在消费购买行为中，由于信息不对称，消费者无法掌握产品的全部信息，同时由于消费者无法准确进行信息处理[2]，因此消费者会借助外部信息来对产品质量进行判断。

在对感知质量进行分类的研究方面，Lutz（1986）提出认知质量和情感质量共同形成了感知质量，消费者对商品质量、性能等客观的评价称为认知质量，而情感质量是指消费者对品牌、产品包装与企业信息等综合总体的感受[3]。

---

[1] Ma Z, Yang Z, Mourali M. Consumer Adoption of New Products: Independent versus Interdependent Self-perspectives [J]. Journal of Marketing, 2014, 78(2): 101-117.

[2] Gunasti K. How Inferences About Missing Attributes Decrease the Tendency to Defer Choice and Increase Purchase Probability [J]. Journal of Consumer Research, 2009, 35(5): 823-837.

[3] Lutz R J. Quality is as uality does: An attitudinal perspective on consumer quality judgment [A]. Presented to the Marketing Science, Institute Trustees, Meeting, Cambridge, MA, 1986.

综合整理以上文献分析，感知质量的研究现状如图 2.2 所示，可以看到影响消费者感知质量的因素包含内部因素和外部因素。内部因素如产品外观、技术水平等，外部因素如价格、品牌等。感知质量的各种影响因素作用于顾客购买意愿、顾客购买行为以及顾客的满意度。在当前相关理论的研究中，感知质量经常被作为中介变量，是一个非常重要的营销学变量。

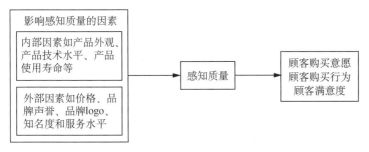

图 2.2　感知质量的研究现状

感知质量是用户对商品和服务的主观评价。电商平台/短视频平台通过与企业及商家通力合作，发展出电商直播这种新型营销模式，给消费者带来了全新的购物消费方式。感知质量是一种能够量化消费者在接受商品或服务时的感受的理论，因此本书采用感知质量理论进行研究分析，同时将消费者在电商直播平台上感受到的产品质量确定为感知质量，并根据感知质量的分类标准分为"认知质量"和"情感质量"，更全面系统地推进后续的研究。

▶ 2.7　消费者购买意愿理论

2.7.1　消费者购买意愿定义

意愿最早是心理学的一个术语，心理学家普遍认为，意愿是人们产生行为的必要前提之一,个体在产生了行为意愿后才会采取行为。随着对消费者行为研究的深入以及营销学的发展,有学者将消费者购物意愿导入营销学的研究范围,从而深化对消费者购买行为的研究。Dodds 等(1991)发现,消费者购买意愿是一种购买态度,是消费者在产生消费行为过程中主观上购买商品的一种可能性[1]。Fishbein 和 Ajzen(1975)提出,意愿是人们主观产生进行某种行为的倾向或者进行某种行为的主观概率[2]。

Smith 和 Swinyard(1983)认为个体的意愿通常表示有可能实施某些行为[3]。Bauer 等人(2006)研究得出,如果消费者对商品有浓厚的感知倾向,他们就有很强的实施购买行动的可能性[4]。Ajzen(1985)认为,通常在购买行为之前会有意愿产生,意愿是消费者在购买行为过程中对商品的一种感知[5]。

消费者购买意愿直接决定了消费者是否产生消费行为,Li 等(2008)认为消费者购买行为能够通过消费者意愿被预估[6]。Zeithaml(1996)指出了意愿的双重性,消费者欣赏称赞商品或直接购买商品的意愿是正向意愿,而消

---

[1] Dodds W B, Monroe K B, Grewal D. Effects of Price, Brand, and Store Information on Buyers Product Evaluations [J]. Journal of Marketing Research, 1991, 28(3): 307-319.

[2] Fishbein M, Ajzen I. Belief, Attitude, Intention and Behavioran Introduction to Theory and Research [M]. Addison-wesley, 1975.

[3] Smith R E, Swinyard W R. Attitude-behavior Consistency: The Impact of Producttrial Versus Advertising [J]. Journal of Marketing Research, 1983, 20(3): 257-267.

[4] Bauer H H, Falk T, Hammerschmidt M. eTransQual: A Transaction Process-based Approach for Capturing Service Quality in Online Shopping [J]. Journal of Business Research, 2006, 59(7): 866-875.

[5] Ajzen I. Theory of Planned Behavior [J]. Organizational Behavior and Human Decision Processes, 1985, 50(2): 179-211.

[6] Li Y, Qi J, Shu H. Review of Relationship Among Variables in TAM [J]. Tsinghua Science and Technology, 2008, 13(3): 273-278.

费者不接受该商品甚至抵触、拒接购买该商品的意愿则称为负向意愿[1]。许多专家学者通过研究消费者自身的购买意愿和消费者向他人推荐购买商品的意愿来研究消费者的购买行为，消费者本身的购买意愿和消费者愿意推荐他人购买的意愿分别代表了消费者个人喜欢该产品而愿意进行购买的行为和消费者主动给其他消费者分享对该产品的使用体验并向其他消费者进行推荐购买的意愿[2][3][4]。Ajzen 和 Fishbein（1980）指出消费者意愿是消费者对提供的服务积极响应的程度，即消费者自发从事某种特定行为的程度，在没有特殊情况的影响下，消费者从事某种特定行为的意愿越强，其实施该行为的可能性就越高[5]。

Dodds（1991）认为，消费者购买意愿是消费者自身的主观状态，是其愿意进行消费的一种可能性[6]。当前对消费者意愿的研究中，专家学者普遍认为消费者购买意愿能反映消费者的购买行为，消费者有购买意愿可代表有购买的行为，购买意愿是购买行为的重要衡量因素。目前电商快速发展，众多专家学者对消费者购买意愿的研究拓展到了

---

［1］ Zeithaml V A. The Behavioral Consequences of Service Quality［J］. Journal of Marketing, 1996, 60(2): 31-46.
［2］ Haemoon H. Service Quality, Customer Satisfaction and Customer Value A Holistic Perspective［J］.International Journal of Hospitality Management, 1999, 18(1): 67-82.
［3］ Noort G V, Voorveld H A M, Reijmersdal E A V. Interactivity in Brand Web Sites: Cognitive, Affective, and Behavioral Responses Explained by Consumers' Online Flow Experience［J］. Journal of Interactive Marketing, 2012, 26(4): 223-234.
［4］ 徐龙杰. 服务补救中顾客参与对消费者行为意向的影响——基于网购环境的实证研究［D］.北京邮电大学硕士学位论文，2015.
［5］ Ajzen I, Fishbein M. Understanding Attitudes and Predicting Social Behavior［J］. Englewood Cliffs, 1980, 278.
［6］ Dodds W B. In Search of Value: How Price and Store Name Information Influence Buyers Product perceptions［J］. Journal of Services Marketing, 1991, 5(2): 27-36.

网络上消费者购买意愿与购买行为的研究。

国内外众多研究发现，不管是传统线下的购物模式还是各电商平台的线上购物模式，消费者购买意愿都是消费者购买产品行为的主观意愿程度及可能性。在电商直播环境下，消费者购买意愿是指消费者受当前直播产品的吸引，与主播互动交流时，受直播主播话术的影响改变了内心认知与情感状态，最后产生在线购买行为的向。

2.7.2 消费者购买意愿影响因素研究概述

随着国民收入不断增长，消费模式持续升级，消费场景不断增多，消费者购买意愿影响因素也随着消费场景的增多而越来越多。

Jarvenpaa 和 Todd（1997）从电视购物研究角度出发，认为消费者的购买意愿受很多因素影响，包括营销过程中营销人员服务行为、已购买过当前产品顾客对该商品的评价、消费者本人在当前购买时的亲身体验感等[1]。Grayson 等（2008）指出消费者在电商购物过程中，产品的质量和营销人员的服务对消费者购买意愿的影响远比传统购物场景要大很多，电商平台详情页面的设计与交互、商品的体验评分以及其他消费者的在线评论是主要的影响因素[2]。Pavlou（2003）对线上购物与传统线下购物的差异之处进行分析后指出，相比传统线下购物，线上购物可以为消费者带来便利性，同时消费者可以用较低的价格购买同样的

---

[1] Jarvenpaa S L, Todd P A. Consumer Reactions to Electronic Shopping on the World Wide Web [J]. International Journal of Electronic Commerce, 1997, 1(2): 59-88.

[2] Grayson K, Johnson D, Chen D F. Is Firm Trust Essential in a Trusted Environment? How Trust in the Business Context Influence Customers [J]. Journal of Marketing Research, 2008, 45(2): 241-256.

产品或服务。但是线上购物也存在一定的风险，比如产品质量差、售后服务不及时、不能有效保护个人隐私、线上支付安全性较低等风险因素对消费者的购买意愿产生负向影响[1]。

此外，王丽芳（2005）对电子商务购物场景中存在着信息不对称的特征进行分析时指出，由于信息的不对称，消费者通常需要借助商品之外的其他渠道了解产品的信息与相关线索，以便进行评估产生购买意愿[2]。同时，有学者认为在电商购物的场景中，网站的自身特征，比如网站营造的氛围、网站信息的质量以及网站是否具有一定娱乐属性都会直接影响消费者的购买意愿[3]。

Koufaris 等（2001）从心流体验的视角出发，通过心理学的相关理论对消费者的购买意愿进行分析[4]。潘煜等（2010）从消费者信任以及感知风险的角度进行研究，认为消费者购买意愿受企业品牌影响力、营销服务水平和网络购物安全性的影响而发生变化[5]。Spiller 和 Lohse(1997)通过对众多实际案例进行研究，发现零售店有 35 种特征，对商家流量和平台销售额带来影响的因素主要包括商品品

---

[1] Pavlou P A. Consumer Acceptance of Electronic Commerce: Integrating Trust and Risk with the Technology Acceptance Model [J].International Journal of Electronic Commerce, 2003, 7(3): 101-134.
[2] 王丽芳.论信息不对称下产品外部线索对消费者购买意愿的影响[J].消费经济，2005，21(1)：41-42.
[3] Shukla A, Sharma N K, Swami S. Website Characteristics, User Characteristics and Purchase Intention: Mediating Role of Website Satisfaction [J]. International Journal of Internet Marketing and Advertising, 2010, 6(2): 142-167.
[4] Koufaris M, Kambil A, Barbera P A. Consumer Behavior in Web-based Commerce: An Empirical Study [J]. International Journal of Electronic Commerce, 2001, 6(2): 115-138.
[5] 潘煜，张星，高丽.网络零售中影响消费者购买意愿因素研究——基于信任与感知风险的分析[J].中国工业经济，2010(7)：115-124.

质、促销优惠、搜索便捷、支付过程安全等[1]。Zellweger（1997）通过研究证明，消费者对产品价格竞争力的感知显著地影响消费者的购买意愿[2]。

张瑞（2016）通过电商主播带来娱乐性的视角研究了对消费者购买意愿的影响因素，认为在直播过程中，消费者快乐的购物体验会增强消费者的购买意愿，电商直播娱乐属性对其产生正向影响[3]。Holbrook 和 Elizabeth（1982）认为享受型产品直播过程能让消费者心里产生快乐情绪，引导消费者产生购物行为[4]。研究发现,消费者的享乐动机和情感需求对增强冲动行为有很大的影响，消费者情绪的唤起、心情的愉悦会积极影响消费者在移动购物时的购买意愿[5],沉浸式体验正向影响消费者的购买意愿[6]。谭羽利（2017）在研究电商直播中引入了意见领袖的概念，认为电商主播作为意见领袖凭借自身专业性和权威性进行营销时影响了消费者的购买意愿与购买行为[7]。

不同学者从各自不同的测量维度对消费者购买意愿进行了大量研究。Hong 和 Cha（2013）从消费者本身的购买意愿将测量维度分为自己是否购买、自己是否二次购买、

---

[1] Spiller P, Lohse L G. A Classification of Internet Retail Stores [J]. International Journal of Electronic Commerce, 1997, 2(2): 29-56.

[2] Zellweger P. Web-Based Sales: Defining The Cognitive Buyer [J]. Electronic Markets, 1997, 7(3): 10-16.

[3] 张瑞. 自媒体时代网红传播的特征、存在问题及对策研究 [J]. 理论探索，2016(8): 87-88.

[4] Holbrook M B, Elizabeth C H. The Experiential Aspects of Consumption: Consumer Fantasies, Feelings and Fun [J]. Journal of Consumer Research, 1982, 9(3): 132-140.

[5] 何军红，杜尚蓉，李仲香. 在线评论对冲动性移动购物意愿的影响研究 [J/OL]. 当代经管，2019, 41(5): 25-31.

[6] 郑毅敏. 网络消费者心流体验研究述评 [J]. 商业经济研究，2013(32): 51-53.

[7] 谭羽利. 电商直播中意见领袖对消费者购买意愿的影响研究 [D]. 北京印刷学院硕士学位论文，2017.

是否推荐他人购买三个维度[1]。Zeithaml 和 Berry（1993）通过关系的递进将消费者购买意愿划分为三个维度，即有意愿购买、极有可能购买和肯定购买[2]。

电商直播属于电子商务购物的一个场景，相对于传统营销模式，电商营销模式比较新颖。当前对直播领域的研究较少，对于电商直播中消费者意愿的研究可以借鉴线上购物场景中的研究成果，同时联系当前电商直播的实际情况对影响消费者产生购买意愿的作用机制进行分析探究。

▶ 2.8 本章小结

通过以上文献回顾，目前在营销领域关于直播购物的研究尚未能很好地回答针对不同类型的产品主播如何采用不同的营销话术互动促进消费者的购买意愿。由于电商直播尚处于发展阶段，直播营销语言中关于主播话术方向的研究尚属空白，目前研究的关注点主要是消费者和企业两方面的视角。从消费者角度来看，分析的重点是消费者动机和消费者自身的感知价值对其在消费过程中的消费行为的影响作用。从企业角度来看，主要研究企业制定直播的内容策略与信息策略，直播购物的销售促进效应等对消费者购买行为的影响。上述文献的共同特点是假定主播采用同样的话术互动策略，即将主播的话术互动策略作为控制变量开展问题研究，但直播时实际情况是，不同的主播话术互动对不同营销环境下消费者行为的影响也不相同，为

---

[1] Hong I B, Cha H S. The Mediating Role of Consumer Trust in an Online Merchant in Predicting Purchase Intention [J]. International Journal of Information Management, 2013, 33(6): 927-939.
[2] Zeithaml V A, Berry L, Parasuraman A. The Nature and Determinants of Customer Expectation of Service [J]. Journal of the Academy of Marketing Science, 1993, 21(1): 1-12.

了达到营销目的，电商直播的策略也需要相应调整。所以，根据产品类型不同，选择何种主播话术互动类型成为企业制定有效直播策略的重要环节。

  然而现有研究较少涉及电商直播主播营销语言的探讨，笔者认为，电商直播过程中，主播通过话术和消费者之间的实时互动对消费者感知质量产生影响，从而影响消费者购买意愿。本章对有关任务导向型话术、关系导向型话术、互动性、产品类型、消费者购买意愿等相关文献进行了归纳。本书将探究消费者观看电商直播时，主播的话术互动类型影响消费者购买意愿的机制，从电商直播过程中主播的话术策略着手，分析企业在对不同种类的产品进行营销时，为提高消费者购买意愿如何采取相对应的主播话术互动的类型，分析其内在机制。

第 3 章
研究模型与假设

▶ 3.1 研究模型构建

电商直播环境下,主播营销语言风格影响消费者购买意愿的过程是一个刺激反应过程,总体理论框架来源于S-O-R模型。

S-O-R模型(stimulus-organism-response),即"刺激-机体-反应"模型。S-O-R模型源于环境心理学,由Russell和Mehrabian在1974年提出,该理论有效地解释了外部因素对人类行为的影响,现在被广泛应用于零售环境的研究。

应用S-O-R模型对零售环境进行研究,则外部环境刺激是指消费购物环境中引起消费者认知和情感产生变化的外部因素[1]。Donovan和Rossiter(1982)首次将S-O-R模型应用在零售环境氛围对消费者购物意愿的影响研究中,研究认为,机体变量是个体内部的变化过程,包括个体的情感、心理状态和思考活动等方面的变化,认知与情感是机体变量的两个维度[2]。而Eroglu(2001)通过对在

---

[1] 吴丽娟. 基于S-O-R模型的服装网络购买意愿理论框架的建立[J]. 现代丝绸科学与技术, 2012, 27(5): 190-194.

[2] Donovan R J. Rossiter J R. Store Atmosphere: An Environmental Psychology Approach [J]. Journal of Retailing, 1982, 58(1): 34-57.

线零售氛围的研究，在电子商务领域首次应用S-O-R模型，发现在线零售氛围正向影响电商购物消费者的消费决策。在线上购物高速发展趋势下，越来越多的专家学者以S-O-R模型为基础，开展了网络购物领域的研究，探索了电商营销环境下，各种外在因素如何影响消费者的购买意愿与购买行为。研究表明，感知质量对消费者的购买意愿和购买行为有显著的影响[1][2]。Abbey等（2017）在实证研究中指出，消费者的感知质量对顾客产生实际购买行为有着很强的正向相关。所以电商直播过程中，顾客对于产品或服务的感知质量是对购买产生重要影响的因素，通常情况下会对消费者最后的购买意愿产生积极影响[3]。

Lutz（1986）提出感知质量由两部分组成，分别是认知质量和情感质量。其中认知质量是指消费者对于产品客观质量、产品功能等方面的评价，而情感质量是指消费者对品牌、产品包装与企业信息等综合总体的感受[4]。电商平台和企业以及商家共同合作打造的电商直播，为顾客提供了一种新型电商服务，是典型的零售商业服务。在网上购物营销活动环境下，根据S-O-R模型，消费者受到外部因素刺激后，自身的认知与情感会产生反应，这个反应就是机制变量，其对消费者的购买意愿产生直接影响，可以

[1] Eroglu S A, Machleit K A, Davis L M. Atmospheric Qualities of Online Retailing: A Conceptual Model and Implications [J]. Journal of Business Research, 2001, 54(2): 177-184.
[2] Bitner M J. Evaluating Service Encounters: The Effects of Physical Surroundings and Employee Responses [J]. Journal of Marketing, 1990, 54(2): 69-82.
[3] Abbey J D, Kleber R, Souza G C, et al. The Role of Perceived Quality Risk in Pricing Remanufactured Products [J]. Production & Operations Management, 2017, 26(1): 100-115.
[4] Lutz R J. Quality is as Quality Does: An Attitudinal Perspective on Consumer Quality Judgment [A]. Presented to the Marketing Science Institute Trustees Meeting. Cambridge MA, 1986.

用来作为量化反应的变量。而感知质量是消费者对产品或服务的主观性评价,能够量化消费者在营销活动进行过程中购买商品或服务时的内心感受,因此本书选择感知质量理论进行研究分析。

与传统的电商网购方式不同,在电商直播情境中,主播的话术互动传播更有广度和深度,更易与消费者构建黏性关系,所以需要更加全面地分析消费者在直播过程中受主播话术影响的结果。本书将消费者观看直播时感受到的商品质量界定为感知质量,并划分为认知质量和情感质量两类,深入研究分析其对消费者购买意愿的影响。

许多关于线上购物的研究认为,营销人员通过电商平台与消费者进行互动交流会影响消费者的购买意愿。对于网络互动类型,不同专家学者有着不同的分类方式。Sheth(1976)认为互动风格可以分为任务导向型互动、交互导向型互动以及自我导向型互动三类,当前很多专家学者比较认同这种划分方式,并在研究中采用了这种分类的方法。赵宏霞等(2015)认为在线互动可以划分为消费者与商家的互动、消费者与电商平台的互动以及消费者与消费者之间的互动三种类型[1]。Köhler等(2011)将线上互动方式分为关系导向和任务导向两种类别[2]。范钧、张情(2018)在关于游戏直播的研究中也采用了这种划分方法,指出任务导向和关系导向对参与者情感能量与主播认同产生影响。

营销话术是市场营销互动活动中最重要的内容。张仲慧(2007)指出,营销语言是以营销人员为主,与消费者之间的双向互动交流的语言,它不同于一般语言。营销人

---

[1] 赵宏霞,王新海,周宝刚.B2C网络购物中在线互动及临场感与消费者信任研究[J].管理评论,2015,27(2):43-54.
[2] Köhler C F, Rohm A J, De Ruyter K, et al. Return on Interactivity: The Impact of Online Agents on Newcomer Adjustment [J]. Journal of Marketing, 2011, 75(2): 93-108.

员首先要清晰地介绍产品或服务,态度明确,同时要认真倾听消费者的意见,找到突破口与共同点,通过不断交流说服对方,最终达成交易,将商品销售出去,所以语言交流是营销活动的开始,营销语言表达的水平将直接影响销售活动的成败[1]。徐人杰(2012)也认为,区别普通语言,营销语言是以营销人员为主导、以顾客作为沟通对象、在具体的市场竞争中使用、带有明显的行业特征、最终目的是将商品营销出去的一种双向言语交流"[2]。以上是学术界对市场营销语言的定义,从上述界定内容可以看出,市场营销语言同时具有互动性和即时性。在产品销售过程中,营销人员和消费者通过现场沟通各种话题进行一种双向的言语交流。

学术界普遍从语用学的角度对营销语言行为进行分类。奥斯汀首先进行了五种分类,即表达类、裁决类、阐述类、承诺类、行使类等。塞尔在奥斯汀的分类基础上进行了修正与补充,将言语行为划分为指令类、断言类、表达类、承诺类、宣告类等五种。以上五种语言行为类型的划分也是众多专家学者比较认可的划分方法,当前语言行为的深入研究基本都是在此基础上进行。本书将以塞尔言语行为分类及划分的标准作为依据,基于语用学的角度提出适合电商直播的营销语言策略,依据电商营销语言的本质与特点拟将直播营销话术互动定义为:直播过程中,主播通过与消费者双向的互动交流,解说与引导,促成交易达成。主播的营销话术互动分为任务导向型话术互动与关系导向型话术互动,任务导向型话术互动以阐明、承诺、指令类语言为主;关系导向型话术互动以表达、宣告类语言为主。

---

[1] 张仲慧.营销语言的表达技巧探究[J].商场现代化,2007(9):124.

[2] 徐人杰.论营销过程中语言运用的原则与技巧[J].辽宁教育行政学院学报,2012(5):120-121.

通过对这两方面话术互动进行分析，电商直播时主播灵活使用能提高消费者购买意愿的话术和消费者进行沟通交流。

从之前的研究中发现，顾客购买不同的商品过程中，会有不同类型的关注模式。根据产品自身特点，可以分为功能品和享受品[1]，但产品的实用特性和享乐特性并非完全绝对[2]，同一种产品有可能同时具有两种属性[3]。

功能品是指具有功能性和工具性两方面特点的产品或服务[4]，如微波炉、自行车、笔记本电脑等[5]。消费者购买功能品时会更基于理性判断，关注产品的功能和知识，尽可能多渠道收集相关的产品信息，进行分析处理，对比多家产品再进行选择。在做出功能品购买决策时需要收集大量的产品信息，信息来源的准确性能帮助消费者完成功能品的购物决策[6]。对于功能品，主播采用任务导向型话术互动，能清晰地介绍产品的生产制造过程、材料品质、功能参数、操作方法、与对手相比的优势等方面。主播对产品熟悉度越高，专业知识越强，越能够帮助顾客了解商品，让顾客获得更丰富的产品信息，有效地促进顾客购买意愿。

---

[1] Okada E M. Justification Effects on Consumer Choice of Hedonic and Utilitarian Goods [J]. Journal of Marketing Research, 2005, 42(1): 43-53.

[2] Voss K E, Spangenberg E R, Grohmann B. Measuring the Hedonic and Utilitarian Dimensions of Consumer Attitude [J]. Journal of Marketing Research, 2003, 40(3): 310-320.

[3] Crowley A E. Spangenberg E R, Hughes K R. Measuring the Hedonic and Utilitarian Dimensions of Attitudes Toward Product Categories [J]. Marketing Letters, 1992, 3(3): 239-249.

[4] Michal S. Myers J G. Donations to Charity as Purchase Incentives: How Well They Work May Depend on What You Are Trying to Sell [J]. Journal of Consumer Research, 1998, 24(4): 434-446.

[5] Dhar R, Wertenbroch K. Consumer Choice Between Hedonic and Utilitarian Goods [J]. Journal of Marketing Research, 2000.37(1): 60-71.

[6] Kahn B E, Brian W. The Influence of Assortment Structure on Perceived Variety and Consumption Quantities [J]. Journal of Consumer Research, 2004, 30(4): 519-533.

而关系导向型话术互动对产品知识及其他相关制造与服务领域的信息了解深度和广度有限，当消费者提出比较专业的产品问题或相关制造与服务领域的问题时，主播较难给出全面、可靠、准确的答案与建议，这样难以满足消费者在功能品购买决策时的信息要求。

享受品是指消费者的消费过程以满足感官愉悦、情感乐趣和幻想美好的审美要求或体验为主要特征的产品或服务[1]，比如名牌服饰、豪华跑车等。享受品的产品知识与信息非常重要，但对消费者的购物决策影响有限，消费者对享受品的判断与评估更注重精神追求和乐趣体验[2]，期望通过多种感官愉悦获得情绪上的满足[3]。销售享受品时，主播的话术互动需要充分地发挥主播独特的个人魅力。通常情况下，消费者会因为自己对品牌的喜爱而愿意与品牌风格保持一致性，通过品牌提升个人的形象，这种积极的情感对消费者的情感质量满足感和愉悦感会有很大的正向影响[4]，满足了消费者购买享受品决策过程中在情感体验方面的需求。因此，关系导向型话术互动可以增进消费者对享受品的购买意愿，但使用任务导向型话术互动介绍享受品时，尽管主播对产品知识进行了全面的介绍，但对激发消费者愉悦、满足等积极情绪有一定的局限性，相比关系导

---

[1] Hirschman E C, Holbrook M B. Hedonic Consumption: Emerging Concepts, Methods and Propositions [J]. Journal of Marketing, 1982, 46(3): 92-101.

[2] Liao Y S, Lin H M. Mechanism of Minimum Quantity Lubrication in High-speed Milling of Hardened Steel [J]. International Journal of Machine Tools & Manufacture, 2007, 47(11): 1660-1666.

[3] Chitturi R, Raghunathan R, Mahajan V. Delight by Design: The Role of Hedonic Versus Utilitarian Benefits [J]. Journal of Marketing, 2008, 72(3): 48-63.

[4] Raghunathan R, Corfman K. Is Happiness Shared Doubled and Sadness Shared Halved? Social Influence on Enjoyment of Hedonic Experiences [J]. Journal of Marketing Research, 2006, 43(3): 386-394.

向型话术在交流过程中可以让顾客产生更多的兴趣，同时通过顾客身份构建等方面的作用提高顾客的欢喜感和满足感，任务导向型话术互动较难满足消费者在购买享受品时所需要的情感和体验需求。

根据已有研究，消费者购买不同类型的产品时存在不同的感知质量影响机制。购买功能品时主要是受产品功能的期望驱动，消费者对当前商品更加在意的是商品功能特点和使用方法，顾客的认知质量对其购买心理与行为影响更大。购买享受品的过程中，更多的是受到乐趣和快乐的感官驱动，顾客在营销过程中更加感性，是否购买当前产品的意愿与决策主要受情感质量的影响。通过以上的综合分析，可知本书的研究模型如图 3.1 所示。

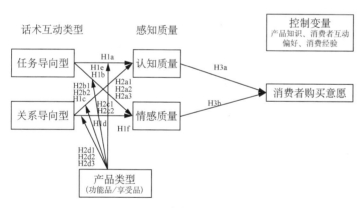

图 3.1　本书研究模型

3.2　研究变量的界定

目前学术界普遍采用典型的 S-O-R 模型来研究消费者的购买意愿，众多的专家学者对这种模型进行了验证，认为该模型具有可靠性和科学性。以往的学者基于 S-O-R 模型对电商领域消费者购买意愿及其相关行为进行研究时，主要的刺激来源是平台相关因素、产品信息的表达。电商直播是利用直播及视频作为刺激手段，通过电商直播平台和商家合作，共同给消费者提供的一种电商服务。而感知质量理论是可以将顾客在接受服务时的感受进行量化的理论。本书以S-O-R模型与感知质量理论为基础，分析在电商直播营销过程中，主播的营销话术互动对消费者购买意愿的影响。因为直播属于较新的市场营销研究领域，需要根据实践运作情况，在传统模型与理论应用的基础上进行相应的补充与拓展，所以本书选取以下变量作为研究变量。

3.2.1 刺激变量

电商直播主播的营销话术在直播营销互动环节是最重要的一环，主播的话术方式是否对消费者购买意愿有影响具有很大的研究价值，研究成果可以指导企业在实际直播销售过程中选择合适的话术策略。结合以前的理论成果及当前直播的实际现状，可将电商直播营销话术划分为任务导向型话术互动和关系导向型话术互动两种话术互动。

任务导向型话术互动是指主播通过学习培训清晰地掌握产品的使用方法、生产制造过程、材料性能、功能卖点、技术优势等各方面信息，对企业产品熟悉程度高，产品知识掌握全面。在直播过程中，主播通过提供详细准确的产品信息，以阐明、承诺、指令类语言为主，通过陈述句式、疑问句式、比较类营销语言等促成销售，用对产品了解的专业度帮助消费者做出理性的消费决策。

关系导向型话术互动是指电商直播主播在进行产品介绍的同时，与消费者进行双向交流互动，以独特的品牌故事或个人使用心得体会进行沟通，拥有很高的个人吸引力，主播直播时以表达、宣告类语言为主，通过祈使句式、感叹句式、赞美类营销语言促进交易，主要通过主播的关系情感影响消费者购买意愿。

本研究将通过对以上两类话术进行分析，根据不同的产品种类，分析如何选择合适的刺激变量即直播话术互动类型影响消费者的购买意愿。

3.2.2 调节变量

许多研究成果都发现了产品类型的调节作用，即消费者会根据自己对不同类型产品的需求表达不同的购买意愿。Rajini 和 Krithika（2017）通过对消费者的调查分析，发现消费者在购买不同产品进行决策时，其他消费者的意见会不同程度影响消费者的购买意愿[1]。董晓松等（2019）表明在电商购物环境中，与享受品相比较，消费者可以更准确地了解功能品的性能参数、判断产品的质量，而享受型产品的感知则需要借助其他消费者购买与使用体验等外部因素[2]。

因此，在本书的研究中引入了产品类型作为调节变量，采用 Batra 和 Ahtola（1990）的产品分类方式，将产品类型划分为功能型与享受型，功能型产品注重产品的功能性，解决消费者的具体需求，而享受型产品则给消费者带来愉悦的身份体验。

3.2.3 机制变量

从以往专家学者的研究中发现，感知质量对消费者购买意愿有着非常明显的影响。本研究中的感知质量在很多营销学研究中作为中介变量出现，是非常重要的一个变量，

---

[1] Rajini G, Krithika M. Risk Factors Discriminating Online Metropolitan Women Shoppers: A Behavioural Analysis [J]. International Journal of Cyber Behavior, Psychology and Learning, 2017, 7(1): 52-64.

[2] 董晓松，刘霆杰. 在线低折扣回旋镖效应：产品价格与类型的调节作用 [J]. 商业研究, 2019(11): 1-11.

主要研究消费者对产品的感知如何影响消费者的购买意愿与行为。

根据质量信号理论，感知质量的影响因素主要分为内外部信号，内部信号包括各种与产品性能直接相关联的因素，如产品外观、功能、技术性能、使用寿命等；而外部信号主要包括企业的品牌故事、品牌的声誉、企业知名度和客户服务水平等。

Allison等（2007）的研究指出产品制造工艺的复杂度会影响消费者产品感知质量，制造的技术越专业，产品工艺越复杂,会使消费者拥有越强的感知质量[1]。包金龙和袁勤俭（2019）在S-O-R理论模型框架上研究了企业实力和技术水平对消费购买意愿的影响，感知质量与感知信任在其中起到了中介作用，研究证明感知质量和感知信任对消费者在当前营销活动中的购买意愿有正向影响关系[2]。叶巍岭和施天风（2020）研究分析了品牌标识的特征对产品感知质量的影响，发现企业根据产品自身特点设计品牌形象、品牌标识及企业吉祥物时，不同风格的搞笑卖萌标识，能更精准地提升感知质量中的情感质量[3]。

电商直播是一种新型的商业服务，感知质量是消费者对于产品或服务的主观性评价，能将消费者在产品使用过程中的感知进行量化，因此本书借鉴了感知质量理论，将消费者在电商营销过程中体验产品或服务的心理感觉界定为感知质量，并细分为认知质量和情感质量，将其作为主播在不同产品中运用不同话术互动的中介变量，并对其如

---

[1] Allison R J, Valerie S F. How Consumers' Assessments of the Difficulty of Manufacturing a Product Influence Quality Perceptions [J]. Journal of the Acadamy Marketing Science, 2007(35): 317-328.

[2] 包金龙，袁勤俭. "新零售"背景下电商平台系统式线索对消费者购买意向的影响［J］.中国流通经济，2019, 33(12): 25-33.

[3] 叶巍岭，施天风. 什么样的可爱标识可以提升产品的感知相对质量［J］.南开管理评论，2020, 23(1): 118-130.

何影响消费者购买意愿进行全面研究。

3.2.4 反应变量

本书将消费者在电商直播过程中的购买意愿作为研究的反应变量。左文明等（2014）指出消费者购买意愿是消费者购买产品与服务的一种可能性，消费者的购买意愿越高，转换为购买行为的可能性就越大。

Nick（2015）认为，购买意愿和购买行为成正比，购买意愿越高，购买行为的可能性越大[1]。聂建树（2020）研究分析网上购物的实际运作后，将消费者购买意愿解释为消费者搜索查看电商平台的产品或服务后，通过与购物平台、店铺以及其他消费者进行互动交流了解产品的细节，最后形成购买行为的主观意愿程度[2]。钟凯（2013）分析研究了线上消费者感知价值对购买意愿的影响，发现网络购买意愿是指消费者购物的主观概率与可能性，同时是消费者未来继续与该电商平台保持良好关系的意愿和行为反应[3]。

通过对消费者意愿的分析，当前大多数专家学者指出消费者购买意愿基本能够代表消费者的购买行为，是消费者在营销活动中产生实际购买行为的主要影响因素，能够体现其消费决策。所以，本书将消费者购买意愿作为结果变量。

3.2.5 控制变量

影响消费者购买意愿的因素很多，本书研究主播在不

---

[1] Nick H. Social Commerce Constructs and Consumer's Intention to Buy [J]. International Journal of Information Management, 2015, 35(2): 183-191.
[2] 聂建树.在线网络互动对消费者购买意愿影响研究[D].哈尔滨工业大学硕士学位论文，2020.
[3] 钟凯.网络消费者感知价值对购买意愿影响的研究[D].辽宁大学博士学位论文，2013.

同类型的产品调节下采用不同的营销话术，通过消费者感知质量影响消费者购买意愿的角度进行分析。为保证研究的客观性与准确性，本研究将被调查者对产品知识的了解、消费互动偏好、消费经验等在调查问卷中进行控制，确保数据分析的一致性与准确性，排除其他因素对研究问题的干扰。

3.3 研究假设的提出

3.3.1 电商主播话术互动类型对感知质量的影响

Van Noort（2012）从电子商务营销环境角度出发，分析消费者如果在购物环境中感受到了良好的交流互动，就会被直播主播所吸引，愿意花更多时间投入当前的互动之中，从而产生感知质量，这种感知情绪会正向影响消费者对购物平台的评价，并对消费者购买意愿与购买行为产生影响。直播主播的营销话术是互动交流环节最重要的影响因素。

电商直播主播需要同时具有任务导向型话术互动和关系导向型话术互动的能力。主播首先需要了解产品性能、卖点，采用任务导向型话术互动详细介绍产品；其次由于目前电子商务具有非常强的社交属性，电商直播中主播需要拉近与消费者的关系，搭建互动基础，让消费者全身心投入当前的营销过程中来，就必须进行一定的关系导向型话术互动以达成交易。

感知质量是消费者对企业提供的产品或服务的一种主观评价，根据不同的产品介绍与消费关系匹配建立起不同的感知状态，电商直播主播采用不同的话术与消费者进行互动能满足这种建立条件，Lutz（1986）将感知质量划分为两种类型，分别是认知质量和情感质量。认知质量是指消费者对于产品客观性能、产品质量方面的评判；而情感质量是指消费者对于企业品牌、企业产品、营销人员等信息的综合感受。

在电商直播环境中，主播通过不同的营销话术完成介绍产品的任务，建立起品牌或主播个人与消费者的关系，更好地吸引消费者参与交流互动，使消费者沉浸于电商直播中，提高信任度，产生认知及情感上的心理感受。所以本书认为，电商直播购物时，主播与消费者之间不同的话术互动会正向影响消费者的感知质量，并提出以下假设：

H1：话术类型对感知质量有正向影响；
H1a：任务导向型话术对消费者认知质量有正向影响；
H1b：任务导向型话术对消费者情感质量有正向影响；
H1c：关系导向型话术对消费者认知质量有正向影响；
H1d：关系导向型话术对消费者情感质量有正向影响。

主播在电商平台的直播过程中，会根据购物场景与产品类型灵活使用任务导向型话术和关系导向型话术与消费者进行沟通，但是话术类型的不同对消费者的感知产生的影响不同，不同的感知产生不同的消费行为。主播采用任务型话术时通过提供详细准确的产品信息，以阐明、承诺、指令类语言为主，通过陈述句式、疑问句式、比较类营销语言等促成销售，以对产品了解的专业度帮助消费者做出理性的消费决策。消费者的认知质量是消费者对于产品客观质量、产品功能等方面的评价，因此任务导向型话术更能影响消费者的认知质量。

主播在采用关系导向型话术互动时，与消费者进行双向交流互动，以独特品牌故事或个人使用心得体会进行沟通，以表达、宣告类语言为主，通过祈使句式、感叹句式、赞美类营销语言促进交易，主要通过主播的关系情感影响消费者购买意愿。而消费者的情感质量是消费者对品牌、产品与营销人员等企业信息的综合感受,消费者在寻求满足需要的产品功能的同时,也希望构建一种品牌信任、分享体验,实现身份认同,因此关系导向型话术更能影响消费者的情感质量。

根据以上分析,消费者观看直播购物时,两种不同类型的话术不同程度地影响了感知质量中的认知质量和情感质量。

因此,本书提出以下假设:

H1e:任务导向型话术比关系导向型话术对消费者认知质量影响更大;
H1f:关系导向型话术比任务导向型话术对消费者情感质量影响更大。

3.3.2 产品类型的调节作用

研究表明,针对不同类型的产品,主播采用不同的话术互动类型对感知质量有正向影响,其中对认知质量与情感质量的影响有所差异。在本研究中,产品类型划分为功能型与享受型。功能型产品指能够让用户达成自身需求,完成目标与实际任务的一种基本的使用型产品[1]。功能型产品主要提供功能使用价值。比如剪刀,消费者注重的是剪刀的锋利度;再如电热毯,消费者注重的是产品调节温度的功能。享受型产品除了产品使用功能属性外,还提供了个性表达、品牌信任、身份认同、自我价值感。比如高档汽车,除了正常的驾驶功能外,消费者注重的是汽车带来的身份与地位的符号价值。

进行功能型产品销售,应使用更多的任务导向型话术介绍产品的功能卖点,让消费者了解更多的产品信息,提高消

---

[1] Dhar R. Wertenbroch K. Consumer Choice between Hedonic and Utilitarian Goods [J]. Journal of Marketing Research, 2000. 37(1): 60-71.

费者的认知质量,从而增强消费者的购买意愿[1],而介绍品牌故事、个人情感等内容对情感质量的影响则较低。进行享受型产品销售,消费者更关注品牌认同与自我身份认同,使用任务导向型话术能影响消费者的认知质量但较低。享受型产品具有象征意义,消费者购买此类产品取决于该产品对于消费者个人的品牌感受及产品赋予的身份地位,不仅仅取决于产品的功能[2]。享受型产品的象征意义与社会认同强相关,消费者购买和使用享受型产品时向其他人传递的身份信号,使消费者得到内心的愉悦与情感的满足。当营销人员采用令用户感到愉悦与象征意义强的关系导向型话术介绍享受型产品时,消费者的情感质量会更高,购买意愿会越强。而不管是功能品还是享受品,用任务导向型话术介绍产品功能与服务时对消费者情感质量虽然有一定影响,但对消费者的身份认同与内心愉悦影响不大。不管是功能品还是享受品,用关系导向型话术介绍品牌与产品的个人心得时,消费者都会对产品产生了解与认知。基于以上分析可作以下假设:

H2:产品类型在话术类型对感知质量起正向调节作用;
H2a1:功能品采用任务导向型话术对认知质量起正向调节作用;
H2a2:享受品采用任务导向型话术对认知质量起正向调节作用;
H2a3:相比享受品,功能品采用任务导向型话术互动对认知质量影响更大;
H2b1:功能品采用任务导向型话术对情感质量起正向调节作用;
H2b2:享受品采用任务导向型话术对情感质量起正向调节作用;
H2c1:功能品采用关系导向型话术对认知质量起正向调节作用;

---

[1] Ma Z, Yang Z, Mourali M. Consumer Adoption of New Products: Independent versus Interdependent Self-Perspectives [J]. Journal of Marketing, 2014, 78(2): 101-117.
[2] Berger J, Heath C. Where Consumers Diverge from Others: Identity Signaling and Product Domains [J]. Journal of Consumer Research, 2007, 34(2): 121-134.

H2c2：享受品采用关系导向型话术对认知质量起正向调节作用；

H2d1：功能品采用关系导向型话术对情感质量起正向调节作用；

H2d2：享受品采用关系导向型话术对情感质量起正向调节作用；

H2d3：相比功能品，享受品采用关系导向型话术对情感质量更大。

3.3.3 感知质量对消费者购买意愿的影响

感知质量是指消费者对产品质量水平的主观感受，是其对企业提供的产品质量的一种态度。Taylor 和 Baker（1994）从消费者行为的角度分析，认为消费者对自身使用过的商品或服务的综合感知质量影响其购买意愿与购买决策[1]。包金龙和袁勤俭（2019）基于S-O-R模型分析了销售商的实力和产品的质量、性能对购买意愿的影响，认知质量与情感质量起到了中介作用，感知质量影响消费者购买产品时的意向[2]。

如上所述，消费者购买意愿基本可以代表消费者购买行为，消费者自身的感知认知与情感都能影响其购买意愿与购买行为。通过对感知质量作用机制的研究，可知感知质量对消费者购买意愿产生的影响是其对消费者购买行为产生影响的前提。根据当前电商直播营销的实际环境，电商主播为了促进销售，采用各种类型的话术影响消费者的感知质量，通过消费者的认知和情感质量达到影响消费者购买意愿的目的。基于以上研究分析，可做出以下假设：

H3：感知质量对消费者购买意愿有正向影响；

H3a：认知质量对消费者购买意愿有显著正向影响；

---

[1] Taylor S A, Baker T L. An Assessment of the Relationship Between Service Quality and Customer Satisfaction in the Formation of Consumer's Purchasing Intentions [J]. Journal of Retailing, 1994, 70(2): 163-178.

[2] 包金龙，袁勤俭. "新零售"背景下电商平台系统式线索对消费者购买意向的影响 [J]. 中国流通经济，2019, 33(12): 25-33.

H3b：情感质量对消费者购买意愿有显著正向影响。

归纳以上三方面的研究假设，如表 3.1 所示。

表 3.1　研究假设

编号	假设内容
H1	直播购物中，话术类型对感知质量有正向影响
H1a	任务导向型话术对消费者认知质量有正向影响
H1b	任务导向型话术对消费者情感质量有正向影响
H1c	关系导向型话术对消费者认知质量有正向影响
H1d	关系导向型话术对消费者情感质量有正向影响
H1e	任务导向型话术比关系导向型话术对消费者认知质量影响更大
H1f	关系导向型话术比任务导向型话术对消费者情感质量影响更大
H2	产品类型在话术类型对感知质量起正向调节作用
H2a1	功能品采用任务导向型话术对认知质量起正向调节作用
H2a2	享受品采用任务导向型话术对认知质量起正向调节作用
H2a3	相比享受品，功能品采用任务导向型话术对认知质量影响更大
H2b1	功能品采用任务导向型话术对情感质量起正向调节作用
H2b2	享受品采用任务导向型话术对情感质量起正向调节作用
H2c1	功能品采用关系导向型话术对认知质量起正向调节作用
H2c2	享受品采用关系导向型话术对认知质量起正向调节作用
H2d1	功能品采用关系导向型话术对情感质量起正向调节作用
H2d2	享受品采用关系导向型话术对情感质量起正向调节作用
H2d3	相比功能品，享受品采用关系导向型话术对情感质量影响更大
H3	感知质量对消费者购买意愿有正向影响
H3a	认知质量对消费者购买意愿有显著正向影响
H3b	情感质量对消费者购买意愿有显著正向影响

第 4 章
研究设计

本章主要介绍实验室实验法的研究设计方案，包括实验对象的确定、实验方法的选择、调查问卷的设计，然后使用调查问卷进行预实验与正式实验，从而验证实验设计的合理性。

▶ 4.1 实验设计

4.1.1 实验对象的确定

本书选取的实验对象是有过观看电商直播购物经历的消费者，能够客观地判断产品类型，真实地对电商直播的主播话术互动类型做出评价，确定是否有消费购买意愿。在进行具体实验时，为了保证问卷数据有效，设置了筛选题项，能够很好地将有效实验对象和无效实验对象进行区分，增加实验数据的可靠性。对于实验数据，主要通过目前使用最广泛的问卷网从线上进行搜集，使用微信将调查问卷的链接发放给朋友、客户、同事、同学、供应商及平时观看企业直播时互加关注的粉丝，并请他们将本次使用的问卷链接再转发给身边有观看电商直播习惯的朋友。

4.1.2 实验方法的选择

当前比较广泛采用的实验方法有文献查找法、走访座谈法、调查问卷法等。本书研究需要验证三类假设，即话术互动类型对感知质量的影响、产品类型对其影响的调节作用以及感知质量在主播话术类型影响消费者购买意愿时的中介作用。本次获取数据的方法来自问卷调研法，此方法可以很好地解决时间与地域等因素对调研群体的影响，抽样范围广，大大增加了实验数据的有效性，实验结束后可以及时、准确地对调查问卷数据结果进行定量分析。

2022 年 7—8 月，笔者首先在问卷网上编辑调查问卷，除了主要的测量题项外，还附上了主播视频链接及文字说明，由于直播视频长度和视频清晰度的不同容易影响实验对象，为了减少问卷调研中的数据误差，本次调研将录制的视频调整为统一格式和统一时长，通过视频软件将六段电商主播的录制视频统一剪辑为长度 140 秒左右，分辨率 1 080 px × 1 080 px，帧速 12 kpfs，利用当前软件将实验对象对视频的感受误差降到最低。

接下来对调查问卷进行了小范围内的预实验，回收调查问卷后，通过对一定范围内预实验收集的数据进行分析检测，验证正式调查问卷设计的合理性，包括对收集的数据进行信度与效度检验、删除不合理的测量题项等。为了测量问题更好地被调查者理解，确保研究的有效性，根据实验对象反馈的改进意见对各答题项的表达与内容进行适当修改，避免实验对象答卷时产生歧义，得出本书正式的调查问卷。

最后开展问卷调研，在问卷网上生成链接后，将链接转发给客户、同行、同学、朋友和粉丝等，由他们全面转发并在线进行问卷填写。

4.2 调查问卷设计

4.2.1 调查问卷设计思路

本书研究方向是电商直播情景下主播不同话术互动类型在不同产品类型调节下对消费者购买意愿的影响,通过问卷调研的方式获取一手数据。为了提高本次问卷调研数据的有效性,减少单一变量数据误差,问卷中所有变量都选择当前专家学者们认可的成熟量表。同时为了避免调研者对调查问卷的所提问题产生误解,在问卷设计时将电商直播实际情境加入成熟量表的测量题项之中。

4.2.2 调查问卷结构

本书的问卷结构由调查问卷说明、被调查对象的基本信息统计、主播产品直播资料、调研题项和对调查对象的感谢组成,问卷所有测量题项均根据研究目标、搭建的理论模型和假设来进行设计。

第一部分是调查问卷说明。在问卷最开始部分对本次调研的目的、问卷内容、设计思路以及信息的保密做了说明,使被调查者对问卷有大致的了解。

第二部分是被调查对象的基本信息统计。这部分主要目的是通过对个人的基础信息如性别、年龄、学历、工作性质、月消费水平等进行统计,确保样本的数量与质量,提高研究的适用范围。

第三部分是主播产品直播资料,包括产品直播讲解的视频链接、文字材料及产品图片,让被调查对象观看录制的直播视频、文字材料及图片,使其充分掌握直播情景。

第四部分是调查题项,测量电商直播环境下,被调查对象对主播采用不同的话术的主观态度,被调查对象在观看电商直播视频后对相关测量题项进行答题。首先是对答题者进行甄别，通过让答题者回答是否了解产品、是否购买过产品、偏好的话术互动方式以及评价调查问卷中主播的话术类型等问题进行变量操控，将符合本次调研要求的对象和不符合本次调研要求的对象进行区分，筛选出有效的调查对象。然后由被调查对象填写话术互动类型的十个测量题项、感知质量的六个测量题项以及消费者购买意愿的三个测量题项等。

第五部分是对调查对象的感谢。

4.3 实验及测量量表设计

本调研实验的目的是发现不同产品类型主播使用不同话术互动方式通过感知质量的中介作用影响消费者购买意愿的机制。本实验采用3（任务导向型话术、关系导向型话术、无话术）×2（功能品、享受品）的组间实验设计方法，具体实验分组情况如表4.1所示。

表 4.1　实验分组

变量		产品类型	
		功能品	享受品
话术类型	任务导向型话术	A组	D组
	关系导向型话术	B组	E组
	无话术	C组	F组

通过实验A、实验B、实验C、实验D、实验E、实验F分别检验功能品与享受品采用任务导向型话术、关系导向型话术及不采用话术通过感知质量的中介效应对消费者购买意愿的影响。以上实验调查数据均通过网络问卷平台问卷网进行，随机邀请实验对象参与实验测试。问卷内

容包括被调查对象的基本信息及任务导向型话术、关系导向型话术、产品类型、感知质量、消费者购买意愿等量表。不同分组的实验对象看到的产品与讲解话术视频资料等不同,实验材料中两类产品的两种讲解话术改编自企业直播话术材料。

4.3.1 实验材料

任何种类的产品都可以分为功能品和享受品,根据功能品和享受品两种产品类型的定义确定产品类型的选择材料。本研究选取家用电吹风及女士手提包作为实验刺激物。电吹风与女士手提包是大家比较熟悉的产品,产品类型的划分比较符合实际情况,主播在营销过程中通常会使用不同的话术来影响实验对象的感知质量,测试购买意愿的真实性。

考虑到实验对象对于真实品牌产品已有的感知态度以及之前的购买经验会降低实验中话术互动的影响效果,从而影响本研究实验的结果,李东进等(2013)在对产品的研究中,采取虚拟品牌(ALPHA)对实验产品牛仔裤、手表进行控制[1]。因此,为排除实验对象的个人品牌偏好可能存在的潜在影响,本实验也采用虚拟品牌,命名为 TIMI 电吹风品牌与 SPEDI 女士手提包。

本研究实验材料选择直播话术视频作为调查的主体资料,根据话术类型的不同共分为六个组,每组观看使用不同的话术介绍产品的视频然后进行答题,共计六组调查材料。第一组是任务导向型话术 × 功能品,第二组为关系导向型话术 × 功能品,第三组为无任务型/关系导向型话术 × 功能品,第四组为任务导向型话术 × 享受品,第五组

---

[1] 李东进,李研,吴波.脱销诱因与品牌概念对产品感知与购买的影响[J].管理科学,2013(5):63-72.

为关系导向型话术 × 享受品，第六组为无任务型 / 关系导向型话术 × 享受品。在问卷调研时，将实验对象随机分配到六个不同的实验组，让他们在观看主播直播视频后作答，每个实验组在话术类型和产品类型上都有差异。调查对象为观看直播话术材料人群，采取随机发放实验问卷的形式。话术材料见表4.2。

表 4.2　话术材料表

组别	话术互动类型	产品类型	话术材料
A	任务导向型话术	功能品	电吹风任务导向型话术直播视频
B	关系导向型话术	功能品	电吹风关系导向型话术直播视频
C	无任务与关系导向型话术	功能品	电吹风无任务与关系导向型话术视频
D	任务导向型话术	享受品	女士手提包任务导向型话术直播视频
E	关系导向型话术	享受品	女士手提包关系导向型话术直播视频
F	无任务与关系导向型话术	享受品	女士手提包无任务与关系导向型话术视频

所有的实验话术视频材料参数被控制在同一水平，同一位主播，统一的着装打扮、直播间背景、话术视频时长等。为了达到实验结果的普遍适用性，实验材料针对功能品和享受品两种不同的产品选择了三种不同的话术视频与图片，从而得到六组不同的话术材料，将这些不同类别的视频材料与文字图片资料上传到问卷网获得本次调研问卷的链接地址。两类产品的调研问卷直播图片材料如图4.1和图4.2所示。

 图 4.1　功能品主播话术讲解视频图

 图 4.2　享受品主播话术讲解视频图

4.3.2　实验情境

实验 A 组　主要通过情景实验的方法，采用单因素

组间实验，测量功能品主播任务导向型话术通过感知质量的中介效应对消费者购买意愿的影响。

实验 A 组的实验情境是，实验对象在浏览某电商直播购物平台时发现电吹风品牌 TIMI 正在直播，点击进入该品牌的直播间，该品牌主播正在售卖该产品，通过实验材料（直播间产品图片、主播对产品的讲解话术及直播现场视频）引导实验对象进入任务导向型话术互动的直播情景中，让消费者对该产品做出感知质量的评价及购买意愿的评价。

调查问卷链接将被随机地转发给不同的实验对象，实验材料中主播的产品讲解话术为企业直播材料，实验对象观看视频及阅读材料后，根据自己真实的想法作答。调查问卷内容包括被调查对象的基本信息、话术互动量表、感知质量量表、消费者购买意愿量表。

功能型产品任务型话术材料分解如下。

主播（说）：

欢迎来到 TIMI 品牌官方直播间，（一手拿起电吹风，一手指着）来，宝宝们，先炸一波 TIMI，1 800 W 功率的电吹风（拍桌子），家庭必备，男女通用，到我直播间的必拍品。这款电吹风轻巧时尚，采用高速马达，每分钟转速达到 17 000 转，3 分钟快速吹干头发，大大节约您的时间，有高速/中速/低速三档吹风模式（用手按三档键），采用热量均衡系统，57 度恒温不伤发，适用各种场合，无论在家还是出差均非常方便使用。产品具有 1 000 万负离子润发功能，可以独立冷风（按冷风键），吹发时噪声低而且防电磁波辐射影响您的身体。手柄可折叠设计（演示折叠），便于收纳携带。6 大安全保护，产品长时间工作发烫，温控器会自动断电，让您放心使用。防护式进风口设计（用手拍进风口），不会卷入您的头发造成危险，使您的秀发更安全，更有牡丹精油护发功能（拿起精油瓶），使您的头发在快速吹干的同时得到滋养。（阐明＋陈述）两年内全国免费维修及终身保修（举KT牌子）（承诺），同类产品中风量、风速、噪音、温度等性能指标远超同行，是追求高性价比用户的最佳选择。（比较）

主播（问）：

（大声）大家知道中国农历七夕节又叫什么节吗？（疑问句）知道的宝宝在评论区留言哦，待会主播会抽取出幸运的宝宝并送上精美礼品！

观众（答）：

中国情人节！+1，+1，……

主播（说）：

（笑，竖起大拇指）对啦，马上就是中国情人节啦，我们在情人节期间将举办各种特惠促销活动，宝宝们一定要记得点击直播间左上角的优惠券再下单（演示领优惠券），今天在直播间炸一波大的，相比某宝某东，现在到手更加优惠，全国包邮，宝宝们觉得炸不炸？这是全年最便宜的购买时间点啦！宝宝们，七夕宠粉日，拼手速拼网速的时候到了，福利款，今天直播间宠粉只限前10名下单的宝宝才能享受，所以准备好手速去拍，来，倒计时3，2，1，运营上架（介绍链接号），想要的宝宝点击小黄车就可以直接拍了（演示如何下单）。今天是各位宝宝薅羊毛的最好时间，10件抢完我们恢复日常售价，这样的优惠，千万不要错过，还犹豫什么呢？（疑问句）赶快拍吧！（指令）

话术材料确定后，由同一位主播在直播间录制直播视频，然后上传到问卷网上生成链接，便于被调查对象者点开链接观看，然后根据自己的观感进行评价打分。

具体调查问卷示例如下。

各位男神/女神：

您好！非常感谢您协助我们填写这份问卷，本调查问卷是想了解您对产品直播主播话术效果的评价。请您根据观看的资料进行回答，您的回答没有对错之分。该调查问卷是匿名的，不会影响您的个人隐私，您只需要按真实的想法来进行填写即可。十分感激您的帮助与配合！

实验 B 组 主要通过情景实验的方法，采用单因素组间实验，测量功能品主播关系导向型话术通过感知质量的中介效应对消费者购买意愿的影响。

实验 B 组的实验情境描述与实验 A 一致，不同的是，主播话术讲解材料采用的是关系导向型话术。实验对象阅读材料并观看直播视频后，回答关于话术互动性、感知质量、消费者购买意愿的题项。

关系型话术材料分解如下。

主播（说）：

欢迎来到 TIMI 品牌官方直播间，宝宝们，不要错过，进来看看，点击小黄车看有没有你需要的，今天还准备了大礼包，先上一大波福袋（拍桌子），大家注意把"福袋里有奖品"打在公屏上。告诉大家，我除了做主播还有另外一个身份——产品体验官。今天给大家带来一款我试用了三个月的好产品，大礼包接好了。（一手拿起电吹风，一手指着）先炸一波 TIMI 电吹风，国潮品牌，产品外观新颖时尚，设计师运用人体仿生学，模拟上百次不同角度产品使用的姿势设计出产品最优尺寸与功能设置，（举牌子）获得全国工业设计奖红点奖、家电设计艾普兰奖，（拿起精油瓶）与中国牡丹之乡——山东菏泽牡丹精油联名设计 IP 款，是个人吹发护发必需品，男女通用，家庭必备，是居家旅行的最佳选择，我使用过感觉很棒。（表达）（笑）另外，还可以个性化设计定制，非常适合送亲人朋友！（宣告）是时候找到方法表达感情，对自己、对爱人好一点，想想

你有多久没有奖励自己、感谢爱人了,送一款好产品,让您的爱一直伴随着他们哦!(感叹)

主播(问):

(大声)大家知道中国农历七夕节又叫什么节吗?知道的宝宝在评论区留言哦,待会主播会抽取出幸运的宝宝并送上精美礼品!

观众(答):

中国情人节!+1,+1,……

主播(说):

(笑,竖起大拇指)对啦,马上就是中国情人节啦!男宝宝们,爱她,就送她最顶级的精油护发产品,贴心呵护,长伴长情!女宝宝们,可以送闺蜜送长辈,既有国花牡丹雍容富贵,代表身份地位,又能精油护理飘逸秀发,增添自信与魅力。(赞美)工厂宠粉,大家嗨起来,马上行动啊!(祈使)喜欢主播可以加入主播粉丝团,点击左上角的小黄心就可以加入主播粉丝团了。左上角还有一张优惠券(演示领优惠券),一定要先领优惠券再下单,机不可失,数量有限,喜欢的宝宝赶紧下单呀!(重复)秒拍秒付款,秀气颜值配秀气的你,拍了产品的宝宝们(介绍如何下单),你们觉着这个产品真的好用,真的喜欢,那你回来给主播一个5星好评,谢谢你们的喜欢信任,谢谢支持TIMI产品。不开玩笑,我和宝宝们一样也是单身呢,好期待有人送我这份礼物。(宣告)

实验C组 作为控制组,同样通过情景实验的方法,测量功能品在没有采用不同类型话术情况下通过感知质量的中介效应对消费者购买意愿的影响。实验情境描述与实验A和B组相一致,不同的是,主播话术讲解材料采用的是不使用关系导向型话术与任务导向型话术。实验对象阅读完材料信息并观看直播视频后,回答关于话术互动性、感知质量与消费者购买意愿的题项。

控制组话术材料如下。

主播（说）：

欢迎来到TIMI品牌官方直播间，TIMI是中国国民品牌，企业实力雄厚，荣获各种行业协会及政府奖项、质量过硬，深得消费者喜爱，产品外观时尚，获得全国工业设计奖红点奖、家电设计艾普兰奖。TIMI电吹风，采用高速马达，大功率三档吹风模式，快速吹干头发，大大节约您的时间，同时具有独立冷风功能，可折叠好收纳，方便携带，多项安全保护，防护式进风口设计，不会卷入头发造成危险，具有负离子润发功能，山东菏泽牡丹精油护发。两年免费维修。性能优良。全家人都需要的吹风机，每天洗澡头发会淋湿，不论是上班族，还是家里的老人孩子都能用得上，也可以送亲戚朋友。还有各种促销活动优惠，用户可以及时下单购买。

主播（问）：

大家知道中国农历七夕节又叫什么节吗？知道的宝宝在评论区留言哦，待会主播会抽取出幸运的宝宝并送上精美礼品！

观众（答）：

中国情人节！扣1，扣1，……

主播（说）：

对啦，就是中国情人节啦，我们在情人节期间将举办各种特惠促销活动，宠粉福利，数量不多，名额有限，抢到就是赚到。喜欢主播可以加入主播粉丝团，点击左上角的小黄心就可以加入主播粉丝团了。宝宝们，七夕宠粉日，拼手速拼网速的时候到了，大家准备好手速去拍。倒计时，3，2，1，运营上架，想要的宝宝点击小黄车就可以直接拍了，10件抢完我们恢复日常售价，这样的优惠千万别犹豫，赶快下单吧！

实验D组 主要通过情景实验的方法，采用单因素组间实验，测量享受品主播任务导向型话术通过感知质量的中介效应对消费者购买意愿产生的影响。

实验 D 组的实验情境是，实验对象在浏览某电商直播购物平台时发现女士手提包品牌 SPEDI 正在直播，点击进入该品牌的直播间，该品牌的主播正在售卖该产品，通过实验材料（直播间产品图片、主播对产品的讲解话术及直播现场视频）引导实验对象进入任务导向型话术的直播情景中，让消费者对该产品做出感知质量的评价及购买意愿的评价。

调查问卷链接将被随机地转发给不同的实验对象，实验材料中主播的产品讲解话术为企业直播材料，实验对象观看视频及阅读材料后，根据自己真实的想法作答。调查问卷内容包括被调查对象的基本信息、话术互动量表、感知质量量表、消费者购买意愿量表。

享受型产品任务型话术材料分解如下。

主播（说）：

欢迎宝宝们来到 SPEDI 直播间，（一手拿起包包，另一手指着包）SPEDI 包包整体流线型对称设计，全粒面绒面细牛皮饰边格纹，清脆手感，科技涂层，帆布面料，防水兼具保护功能，轻盈织物内衬，质感柔软，特殊针织缝合工艺，金属件双拉链质地，轻便，易于操控，轻质科技缎，管状装饰搭配几何设计，以镂空现代装饰趣味呈现，具有各种功能，包括挂锁，内贴袋，零钱包，以柔软皮革、链条和皮革包覆挂锁打造高雅风范，双手柄更便于轻松手提，包包的长×高×宽尺寸是 25 cm×19 cm×15 cm，顶部手柄和可拆卸肩带提供了多种背携选择，精湛皮具工艺，精致风格，保持皮革的舒适与韧性时，又能在使用时紧贴腰部，可装各种随身物品，挂饰环环相扣，营造编织效果。（阐明+陈述）两年内全国免费维修及终身保修（举 KT 牌子）（承诺）实用高雅，时尚尊贵，品质远超同行（比较），非常适合日常交友、旅行、商务会谈等各种场合。

主播（问）：

（大声）大家知道中国农历七夕节又叫什么节吗？知道的宝宝在评论区留言哦，待会主播会抽取出幸运的宝宝并送上精美礼品！

观众（答）：

中国情人节！扣1，扣1，……

主播（说）：

（笑，竖起大拇指）对啦，马上就是中国情人节了，我们在情人节期间将举办各种优惠活动，折扣力度大，宝宝们一定要记得点击直播间左上角的优惠券再下单（演示领优惠券），宠粉福利，数量不多，名额有限，抢到就是赚到。宝宝们，七夕宠粉日，拼手速拼网速的时候到了，大家准备好手速去拍（拍桌子）。倒计时3，2，1，运营上架，想要的宝宝点击小黄车就可以直接拍了（演示如何下单），10件抢完我们恢复日常售价，这样的优惠，千万不要错过，您还犹豫什么呢？（疑问句）赶快下单吧！（指令）

话术材料确定后，由同一位主播在直播间录制直播视频，然后上传到问卷网上生成链接，便于被调查对象点开链接观看，然后根据自己的观感进行评价打分。

具体调查问卷示例如下。

各位男神/女神：

您好！非常感谢您协助我们填写这份问卷，本调查问卷是想了解您对产品直播主播话术效果的评价。请您根据观看的资料进行回答，您的回答没有对错之分，该调查问卷是匿名的，不会影响您的个人隐私，您只需要按真实的想法来进行填写即可，十分感激您的帮助与配合！

主播话术讲解材料，主播视频链接如下。

实验 E 组　主要通过情景实验的方法，采用单因素组间实验，测量享受品主播采用任务导向型话术通过感知质量的中介效应对消费者购买意愿产生的影响。

实验情境描述与实验 D 组一致，不同的是，主播话术讲解材料采用的是关系导向型话术。实验对象阅读实验材料并观看直播视频后，回答话术的互动性、感知质量以及消费者购买意愿的题项。

享受品关系型话术直播材料分解如下。

> **主播（说）：**
> 　　欢迎宝宝们来到全球著名奢侈品牌 SPEDI 直播间。不要错过，进来看看，今天准备了大礼包，先上一大波福袋（拍桌子）给大家抢，注意把"福袋里有奖品"打在公屏上。哈哈，气氛起来啦，告诉大家，我除了做主播还有另外一个身份——产品体验官。今天给大家带来一款我最喜欢与推崇的包包，小板凳排排坐哈，大礼包接好了。（一手拿起包包，另一手指着包）SPEDI 包包，百年欧洲文化传承典范，雍容华贵与卓尔不群的完美气质结合，传统技艺与现代摩登相结合。法国首席设计师 Nicolas 漫步凡尔赛宫跨越时空背景下产生了创意灵感，利用仿生学通过上千次人机模拟，3D 设计出最优大小与尺寸，由欧洲工匠纯手工缝制，是古典与现代艺术的完美结合（举牌子）。经典 Mooogram 饰边，临摹洛可可建筑设计风格，诠释多样工艺，时尚又彰显皇家贵族豪门的尊崇地位。挂饰吸取马术精髓，组合成栩栩如生的骑师形象。（举牌子）荣获多项全球顶级奢侈品设计大奖。SPEDI 品牌是女士彰显地位的最佳选择！（宣告）我每次背着这款包包出门逛街或上班，亮丽色彩装点出行，油然而生自信与尊崇！（表达）（笑）这款包包也是男士们送心爱的人的最佳选择！爱她就要送她最好的！穿越人间烟火，笑看潮起潮落，臻享盛世繁华！（感叹）

> **主播（问）：**
> （大声）大家知道中国农历七夕节又叫什么节吗？知道的宝宝在评论区留言哦，待会主播会抽取出幸运的宝宝并送上精美礼品！
> **观众（答）：**
> 中国情人节！+1，+1，……
> **主播（说）：**
> （笑，竖起大拇指）对啦，马上就是中国情人节了，我和大家一样渴望诗和远方，那里承载着我们的梦想，所以爱自己就送自己最喜爱的包包；爱她，就送她最顶级的尊贵包包，贴心贴身，长伴长情！（赞美）喜欢主播的宝宝们可以加入主播粉丝团，点击左上角的小黄心就可以加入了。七夕佳节，各位亲赶上了，先帮主播点屏幕点到1万，马上就来第一波福利……左上角优惠券（演示领优惠券），一定要先领优惠券再下单，机不可失，数量有限，喜欢的宝宝赶紧下单！（介绍如何下单）（重复）秒拍秒付款，尊贵典雅彰显自信。品牌七夕宠粉，大家嗨起来，马上行动啊！（祈使）拍了包包的宝宝们，你们觉着包包真心喜欢，那回来给主播一个5星好评，谢谢大家的喜欢和信任！不开玩笑，宝宝们，我也是单身哦，好期待这份情人节礼物啊！"（宣告）

实验F组　　主要通过情景实验的方法，采用单因素组间实验，测量享受品主播采用无任务型与关系导向型话术通过感知质量的中介效应对消费者购买意愿的影响。实验情境描述与实验D组一致，不同的是，主播话术讲解材料采用的是不使用任务型与关系导向型话术。实验对象阅读完实验材料并观看直播视频后，回答话术的互动性、感知质量以及消费者购买意愿的题项。

控制组话术材料如下。

主播（说）：

欢迎宝宝们来到 SPEDI 直播间，SPEDI 包包，欧洲工匠纯手工打造，全球顶级奢侈品牌，雍容华贵与卓尔不群的完美气质结合，传统技艺与现代摩登相结合。清脆手感，科技涂层，帆布面料，防水兼具保护功能，全粒面绒面细牛皮饰边格纹，轻盈织物内衬，质感柔软。金属件双拉链质地，轻便易于操控，轻质科技缎，管状装饰搭配几何设计，以镂空现代装饰趣味呈现，细致挂锁，内贴袋，零钱包，以柔软皮革、链条和皮革包覆挂锁打造高雅风范，双手柄更便于轻松手提，顶部手柄和可拆卸肩带提供了多种背携选择，精湛皮具工艺，保持皮革的舒适与韧性，可装各种随身物品，挂饰环环相扣，营造编织效果，实用高雅，品质出众，SPEDI 品牌是女士彰显地位的最佳选择！非常适合日常交友、旅行、商务会谈等各种场合。

主播（问）：

大家知道中国农历七夕节又叫什么节吗？知道的宝宝在评论区留言哦，待会主播会抽取出幸运的宝宝并送上精美礼品！

观众（答）：

中国情人节！+1，+1，……

主播（说）：

对啦，马上就是中国情人节了，我们在情人节期间将举办各种活动特惠，折扣力度大，宠粉福利，数量不多，名额有限，抢到就是赚到。喜欢主播可以加入主播粉丝团，点击左上角的小黄心就可以加入主播粉丝团了。宝宝们，七夕宠粉日，拼手速拼网速的时候到了，大家准备好你的手速，准备去拍。请运营上架，想要的宝宝点击小黄车就可以直接拍了，10件抢完我们恢复日常售价，千万别犹豫，赶快下单吧！

4.3.3 测量量表设计

1. 变量操控

本书研究的对象是不同产品类型的销售中，主播采用不同话术通过感知质量中介作用对消费者购买意愿的影响机制。实验对象在填写问卷之前首先做操纵试验，通过调查问卷测量实验对象对产品知识的了解，筛选合适的实验对象，然后对产品类型进行评估，以 Khan 研究理论为基础，通过实验对象对产品功能型和享受型的不同倾向打分，来判断产品类型操纵是否有效；接着了解实验对象的消费偏好、消费经验等控制变量，确保研究调查不受其他因素干扰。具体变量操控量表如下。

（1）产品了解程度测量表，见表 4.3。

请您根据自己对产品的理解，填写表格（采用 5 级量表，1= 非常不了解，5= 非常了解）。

表 4.3　产品了解程度测量表

变量	测量项目					备注
产品了解度	非常不了解	不太了解	无法确定	一般了解	非常了解	
直播产品	1	2	3	4	5	

（2）消费者了解程度测量表，见表 4.4。

请您根据自己对此类产品购买经验，填写表格（A= 买过，B= 没买过）。

表 4.4　消费者了解程度测量表

变量	测量项目		备注
消费者了解度	买过	没买过	
消费经验	A	B	

（3）产品类型测量表，见表 4.5。

产品类型很多，有功能导向型与享受导向型，各自的侧重不同，请您判断调查问卷材料中所列出产品主要的侧重方面，采用 5 级量表，1= 纯功能型，5= 纯享受型，填写表格（功能型产品主要解决具体需求，享受型产品主要带来愉悦心情）。

表 4.5　产品类型测量表

变量	测量项目					备注
产品类型	纯功能型	偏功能型	享受与功能程度相同	偏享受型	纯享受型	
产品	1	2	3	4	5	

（4）消费者互动偏好测量表，见表 4.6。

请根据您与主播互动偏好的经验，填写表格，分为任务导向型互动偏好（倾向于主播多讲解商品功能卖点、售后）和关系导向型互动偏好（倾向于多讲解主播个人使用经验感受与商品品牌等），可多选。

表 4.6　消费者互动偏好测量表

备注	测量项目					备注
	讲解功能	讲解售后	讲解品牌	讲解体会	其他	
消费者互动偏好	A	B	C	D	E	

（5）主播话术互动类型测量表，见表 4.7。

请您根据调查问卷中主播主要讲解哪方面内容与用户进行交流，填写表格，分为任务导向型话术（多讲解商品卖点与售后等）和关系导向型话术（多讲解主播个人使用经验感受与商品品牌等），可多选。

表 4.7　主播话术类型测量表

备注	测量项目					备注
	讲解功能	讲解售后	讲解品牌	讲解体会	其他	
主播话术互动类型	A	B	C	D	E	

2. 量表设计

本研究调查问卷的主要测量变量包括话术互动类型、产品类型、感知质量、消费者购买意愿四个方面以及实验对象的统计数据。所有题项均根据电商直播的特殊情境，结合当前国内外专家学者比较认可的成熟量表进行调整完善。各个变量的测量题项均采用李克特五点量表，从1到5分别表示非常不同意、一般不同意、无法确定、一般同意和非常同意，分数越低代表实验对象的赞同度越低，分数越高代表实验对象的赞同度越高。

（1）话术互动类型测量问项。参考已有理论文献，结合电商直播实际情境，本研究将话术互动类型分为任务导向型话术和关系导向型话术。主播与消费者在电商直播互动过程中可能同时使用任务导向型话术和关系导向型话术，但侧重点不一样，消费者的感觉也会有不同倾向，将两种类型的话术互动按塞尔言语行为进行细分类，任务导向型话术采用阐述类营销语言、承诺类营销语言、指令类营销语言、比较类营销语言，常用陈述句式、疑问句式；关系导向型话术运用表达类营销语言、宣告类营销语言、赞美类营销语言，常用祈使句式、感叹句式，最后形成任务导向型话术和关系导向型话术的测量量表。表4.8和表4.9为主播话术互动类型量表。

表 4.8　电商主播任务型话术互动的测量量表

变量	测量项目
任务导向型话术	观看直播时，主播能够根据消费者的要求详细讲解产品
	观看直播时，主播根据消费者的问题会给出明确的产品使用建议
	观看直播时，主播能从消费者的利益出发推荐适合的购买时机
	观看直播时，主播会告诉消费者产品的售后处理方式
	观看直播后，我对主播介绍的商品的整体功能介绍是令人满意的

表 4.9 电商主播关系型话术互动的测量量表

变量	测量项目
关系导向型话术	观看直播时，主播和消费者交流品牌含义
	观看直播时，主播和消费者交流产品技术背景
	观看直播时，主播愿意在直播过程中与消费者讨论分享自己的心得
	观看直播时，主播愿意与消费者交流，指出与消费者存在的共同点
	观看直播时，主播友好地同大家开玩笑，谈论除了工作之外的一些话题，包括个人的情况

（2）感知质量测量量表。Lutz（1986）认为感知质量可由认知质量和情感质量组成，其中，认知质量是指消费者对于产品客观性能、产品质量方面的评判；而情感质量是指消费者对于企业品牌、企业产品、营销人员等信息的综合感受（见表 4.10）。

表 4.10 感知质量测量量表

变量	测量项目
认知质量	观看直播后，我对主播介绍的商品有了全面的了解
	观看直播后，我认为主播介绍的商品的整体质量是令人满意的
	观看直播后，我认为主播介绍的商品能给我带来更好的使用体验
	通过观看直播，我了解了产品背后的故事，心情感到愉悦
情感质量	观看直播后，我更关注主播推荐的品牌了
	观看直播后，我更欣赏该主播了

（3）消费者购买意愿测量量表。本书采用已有的成熟量表测量消费者购买意愿，即 Dodds（1991）和 Dubinsky（2003）在实验中使用的购买意愿测量的问项。问卷中采用 5 级量表，1 表示非常不同意，5 表示非常同意，测量被调查对象的购买意愿，验证感知质量对购买意愿的影响（见表 4.11）。

表 4.11　消费者购买意愿测量量表

变量	测量项目
购买意愿	观看直播后，我会考虑购买该商品
	观看直播后，我会向亲朋好友推荐该商品
	未来我会更多地通过观看电商直播来购买商品

实验对象阅读观看视频及文字图片材料后回答以上量表的问题。为了控制其他因素的干扰，本研究在调查问卷中进行了说明"请根据给出的信息回答，不考虑其他因素"。

4.4　预实验

预实验的目的是检验不同的产品类型下话术互动材料设计的测量量表是否合理。

第一步，为检验调查问卷的有效性，确定正式实验的变量并在后续做有效的实验操控。本次预实验通过在问卷网上注册账号后，将调查问卷的文字、图片及视频进行输入与链接附件，一共生成12份调查问卷的网址与二维码。其中调查问卷一至六为两种不同产品应用不同话术的文字与图片资料，调查问卷A至F为两种不同产品应用不同话术的视频、文字与图片资料（详见附录）。

第二步，在完成12份调查问卷后，将每份调查问卷发10人填写，共收集120份实验材料。其中有些问卷填写人数超过10人，超出数量的样本做随机无效处理，保持每份调查问卷的样本都为10人。回收得到120份样本。其中男性51名，占比42.5%；女性69名，占比57.5%。年龄15—21岁占比7.8%，22—35岁占比60.7%，36—45岁占比22.8%。问卷测得：（1）大部分实验对象了解产品（M=3.7，SD=0.89）；（2）70%的人购买过实验的产品；

(3) 实验对象能准确判断产品类型与主播话术类型。根据以上结果，将吹风机作为功能品、女士手提包作为享受品的认知符合研究要求，任务导向型话术与关系导向型话术的表达符合研究要求。

第三步，形成实验材料后，通过预实验检验实验设计是否合理、变量是否被成功操控，然后根据预实验过程中发现的问题对实验方案进行适当调整，最后进行正式实验。其中 A 到 F（见附录）视频加文字与图片的调查情境比一至六（见附录）文字加图片的调查情境更真实、有效性更高，因此选取带视频的调查问卷。两个实验产品在预实验中分别使用了 3 组不同类型的主播话术视频材料，总共 6 个小组，每组随机分配 10 人观看填写，总共发放了 60 份问卷。对 6 组数据的分析结果如表 4.12 所示，初步表明自变量与因变量操控成功，可以进行正式实验。

表 4.12 预实验分析结果

序号	问卷	Q27 消费者购买意愿均值与标准差	结论
1	问卷 A	3.57，0.84	对于功能品，采用任务导向型话术购买意愿高于采用关系导向型话术
2	问卷 B	2.83，0.98	
3	问卷 C	2.58，0.92	
4	问卷 D	3.42，1.05	对于享受品，采用任务导向型话术购买意愿低于采用关系导向型话术
5	问卷 E	3.50，10.9	
6	问卷 F	2.00，0.95	

在预实验中样本范围分布比较广泛，各行各业的调查对象都包括进来了，如制造工厂、保险银行、电商企业的员工等；各年龄段、各地区包括浙江、上海、广东等都收集了一些被调查对象，有利于反应真实的直播购买人群状况。同时，本书采用问卷网进行调研，速度快，高效

且唯一，一台手机只能填写一份答案，避免一人填写多份数据的重复现象。当然，通过预实验也发现实验对象在手机端浏览实验资料时有的只是匆匆一看，没细看就打分，分值存在偏差，因此在正式试验时要注意筛选剔除观看时间不够的答题者。此外，还发现调查问卷的量表测量问题先后顺序需要进行适当的调整，有利于实验对象进行真实打分，避免整份问卷都是同样的分数。试调研的结论虽然基本符合假设，但需要更多的样本才能分析出不同话术对购买意愿的影响，所以正式调研时计划分6组，每组样本数量加大到80—100人分别进行随机填写收集数据。

4.5 正式实验

正式实验的调查问卷在预调研的基础上进行了一定的修改完善，通过问卷网进行线上设计编辑并生成6份正式调查问卷，设计完成后再次对内容进行检查并通过问卷网产生的链接地址与二维码大范围发放调查问卷。问卷发放至回收历时共十天，2022年8月27日开始发放问卷，2022年9月5日问卷回收截止，总共回收753份问卷，包含了不同年龄、不同地域、不同学历与职业的实验对象。为增加调研数据的有效性，通过以下方式剔除了回收的无效调查问卷：（1）填写时间少于60秒；（2）存在明显逻辑问题的问卷（比如所有答案全是同样的分值，再如选择不了解此产品但又购买过）。根据上面的标准对数据进行筛选分类，剔除了无效调查问卷240份后得到了有效调查问卷513份，问卷有效率为68.13%，具体调查问卷信息详见附录。

第 5 章
数据检验与分析

5.1 数据分析方法

本书通过 SPSSAU 软件对获得的有效数据进行分析，分别从描述性统计分析、信度和效度分析、结构方程分析法等对数据的合理性、假设的有效性做详细验证。通过描述性统计分析主要调研数据，验证剔除无效数据后调研数据的合理性，使用统计软件 SPASSAU 对有效数据进行信效度分析，最后用结构方程法分析模型的拟合度，验证提出的假设是否成立，得出影响消费者购买意愿的各个影响因素的内在机制。

1. 描述性统计分析

用表格、图形、分类等处理方法对调研数据的整体状况和各项特征进行概括的分析方式就是描述性统计。本书对被调研对象进行统计分析，确保样本的范围广、普适性强，同时对被调研对象进行产品类型与直播话术类型的识别。

2. 信度分析

作为实证分析中处理数据的重要部分，信度分析的主要目的是验证同一变量的各个测量题项的一致性、可信度、稳定性。当下众多专家学者对信度的测量普遍采用 4 种方式，分别是 α 信度系数法、复本信度法、重测信度法和折半信度法。本次对问卷数据信度分析采用 Crobach's α 值可靠度系数法进行检测。Crobach's α 值表示可靠度，正常情况下 α 取值范围在 0 到 1 之间。α 值越大，证明调研的数据信度越好：若 α 在 0.8 到 1 之间，则说明数据信度高；若 α 的值小于 0.6，则本次调研数据没有意义，信度检验不通过[1]。

3. 效度分析

效度分析主要是研究各测量题项的结果能否很好地反映所测量的内容，达成调研的目的。当前效度检验主要有以下几种方式。

（1）内容效度。内容效度是指问卷题项是否可以反映出所测变量的特征，验证各变量的提问项在多大程度上让调研对象了解此次调查的主要内容与结构。

（2）关联效标效度。此指标是指对调研数据和外部效标准则相关性的分析。一般情况下，调研问卷实施过程中对关联效标很难找到合适的准则，因而限制了关联效标效度的运用，当下主流的研究中对关联效标效度的运用并不多。

（3）构建效度。构建效度从聚敛效度和区别效度对调研获得的数据进行理论结构和特质结构分析。聚敛效度主要是测量同一变量在不同题项间的相关程度，区别效度则是结构变量和其他变量之间的不相关程度分析。

本书将使用主成分因子分析法测量各个变量的内容效度和构建效度。当选择的公共因子数和总变量数一致时，证明当前的题项设置合理；反之则不合理。好的效度分析要求公共因子累积解释方差数值也需要在合理的范围内。

---

[1] Chin W W, Marcolin B L, Newsted P R. A Partial Least Squares Latent Variable Modeling Approach for Measuring Interaction Effects: Results from a Monte Carlo Simulation Study and an Electronic-mail Emotion/Adoption Study [J]. Information Systems Research, 2003, 14(2): 189-217.

4.结构方程模型

结构方程模型（structure equation modeling, SEM）分析方法被广泛运用于各类社会经济管理现象研究，尤其是在细分领域的产业分析方面，学者们需要从多个角度分析政治、社会、环境等因素对某一经济现象的影响，或者更直观地反映某些无法直接观测的经济参数[1]。SEM 的应用改变了传统的经济统计模式，通过线性回归、因子分析等多种方法直接分析多个因素之间的相关关系，更清晰地表达出变量之间的逻辑关系。如在指标分析中，客户接受度、消费者购买意愿等指标难以直接量化分析，但是基于 SEM 分析方法，就可以间接通过影响因子探究其中的相关性，观测变量值。

结构方程模型的关键评价指标是卡方与自由度比值、拟合优度指数（GFI）、近似误差均方根（RMESA）、修正拟合优度指数（AGFI）、模型比较适合度（CFI）、规范拟合指标（NFI），本书的研究过程将运用以上评价指标对消费者购买意愿模型和变量进行相关的分析。

另外本研究以感知质量为中介变量，讨论感知质量在主播话术类型与消费者购买意愿之间的中介作用。在分析的过程中，使用 Bootstrap ML 方法进行 2 000 次重复抽样，检验数据分析的内容。通过层次回归法验证产品类型的调节作用，依次将变量放入模型中，分析不同变量对回归方程的影响，影响显著则该变量不可替代。

▶ 5.2　调查数据样本分析

根据调查问卷的第一部分内容，被调查对象的基础特征统计结果如表 5.1 所示。

---

[1] 吴明隆.结构方程模型——AMOS 的操作与应用[M].重庆大学出版社，2009.

表 5.1 被调查对象基础特征描述性统计表

问项	选项	数量	百分比
性别	男	202	39.40%
	女	311	60.60%
年龄	14 岁以下	2	0.39%
	15—21 岁	30	5.84%
	22—35 岁	327	63.70%
	36—45 岁	122	23.83%
	46 岁以上	32	6.24%
月均消费水平	1 000 元及以下	27	5.25%
	1 001—3 000 元	171	33.30%
	3 001—5 000 元	151	29.44%
	5 000 元以上	164	32.01%
学历	初中及以下	79	15.42%
	高中/职校	231	45.05%
	大学专科/本科	192	37.38%
	硕士研究生	6	1.17%
	博士研究生	5	0.98%
职业	技术	61	11.88%
	管理	122	23.82%
	员工	233	45.37%
	自由职业	97	18.93%

被调查对象的个人基本信息及相关分析如下。

（1）性别分布。通过上表的数据可以发现，男性用户和女性用户在数量上的占比分别为 39.4%、60.6%，女性用户数量远高于男性用户数量。调研样本数据和电商实际观看人群现状一致，女性用户更喜欢观看直播并进行购物，调研样本的性别分布符合研究要求。

（2）年龄分布。通过上表数据中可以发现，年龄在22—35岁的人群占到了63.7%，在所有年龄段中数量最多，和本书选择的调研对象工作环境相关。调研样本的年龄分布符合目前直播主流观看人群的年龄现状，满足研究要求。

（3）学历水平分布。学历从高中到本科的人数占比超过了82%，占总人数的绝大多数，与选择的调研对象行业背景相关，基本反映了目前直播观看人群的学历现状，符合研究要求。

（4）月均消费水平分布。月均消费水平在1 000—3 000元、3 000—5 000元以及5 000元以上的人数占比接近95%，符合目前直播观看人群的月均消费水平的现状，满足研究要求。

（5）职业分布。本次样本的职业分布以企业的一般员工为主，管理、技术、自由职业均衡分布，符合目前社会职业分层的分布特点，符合本书研究的要求。

5.2.1 被调查对象甄别

（1）被调查对象对产品的了解程度。调查平均值为3.558，表明大部分被调查对象对调查材料中的产品比较了解，符合研究的要求。

（2）被调查对象是否购买过该产品。55.97%的被调查对象表示购买过该产品，表明部分被调查对象有过相关的购买经验，部分是计划购买的人群，符合直播购买人群的特征与本书研究的要求。

（3）被调查对象喜欢主播讲哪方面的内容。喜欢主播介绍功能的人数占比为67.37%，喜欢主播讲个人感受的人数占比为57.43%，说明被调查对象有明确的话术互动倾向。同时，喜欢直播时主播介绍产品功能与讲个人感受的人数基本差不多，没有明显的偏向性，符合研究要求。

5.2.2 实验操纵变量定义与测量

本研究从问卷调研对象对直播过程中主播采用不同话术介绍不同类型的产品的评分进行分析，为了保证调研的真实有效，在问卷中设计了相关甄别问题："您觉得电商直播中主播介绍的产品属于哪种类型，功能品还是享受品？"以及"您觉得调查问卷中主播主要讲解哪方面内容与用户进行交流，任务型（功能/售后）还是关系型（品牌/与用户关系）？"通过独立样本 T 检验对控制变量进行检验，不同的产品类型和话术类型的均值和标准差、t 值、P 值的结果如表 5.2 和表 5.3 所示。

表 5.2 产品类型控制

T 检验分析结果	组别（平均值 ± 标准差）		t	p
	享受品（n=170）	功能品（n=171）		
得分	3.11 ± 0.71	2.44 ± 0.95	7.356	0.000**

注：*$p < 0.05$ ** $p < 0.01$。

对于被调查对象判断问卷中的产品属于哪种类型，其中功能品有 72% 的被调查对象选择，享受品有超过 60.88% 的被调查对象选择了。利用独立样本 T 检验去研究组别对于得分共 1 项的差异性，从表 5.2 可以看出：不同组别样本对于得分均呈现出显著性（$p < 0.05$），意味着不同组别样本对于得分均有差异性，组别对于得分呈现出 0.01 水平显著性（t=7.356，p=0.000）；具体对比差异看出，享受品的平均值（3.11）会明显高于功能品的平均值（2.44）。通过以上总结可知，不同组别样本对于得分均呈现出显著性差异，说明产品的选取符合研究的要求。

表 5.3 话术类型控制

T 检验分析结果	组别（平均值 ± 标准差）		t	p
	任务导向型话术（n=171）	关系导向型话术（n=170）		
得分	2.01 ± 0.94	3.51 ± 1.09	−13.616	0.000**

注：*$p < 0.05$　**$p < 0.01$。

在功能型产品讲解中，任务导向型话术讲功能占比72%，关系导向型话术讲体会占比58.82%。在享受型产品中，任务导向型话术讲功能占72.9%，关系导向型话术讲体会占比60%。利用独立样本 T 检验去研究组别对于得分共1项的差异性得出，不同组别样本对于得分全部均呈现出显著性（$p < 0.05$），意味着不同组别样本对于得分均有着差异性，组别对于得分呈现出0.01水平显著性（$t=-13.616$，$p=0.000$）。具体对比差异可以看出，任务导向型话术的平均值（2.01）明显低于关系导向型话术的平均值（3.51）。通过以上总结可知，不同组别样本对于得分均呈现出显著性差异，说明话术的选取符合研究的要求。

5.2.3　变量的描述性分析

本书对调查问卷中各变量测量结果的描述性分析结果由表格数据可看出：

（1）调研人员对调查问卷中所有测量变量题项打分值的最小值和最大值之差大于3，同时，全部测量变量题项的标准差都大于0.5，证明调查问卷收集的数据离散程度大，本研究的调研结果是客观的。

（2）六个调研组的得分存在差异。每组均值通过SPSSPRO独立样本 T 检验，存在显著的差异性，如功能品采用任务导向型话术与控制组话术对情感质量的影响的独立样本 T 检验分析结果如表5.4所示。各变量测量结果的描述性综合统计结果见表5.5。首先，功能品与享受品采用任务导向型话术对认知质量的影响高于采用关系导向型话术与采用控制组话术（①＞②③，④＞⑤⑥），关系导向型话术对情感质量的影响高于任务导向型话术与控制组话术（②＞①③，⑤＞④⑥），可能意味着任务导向型话术对认知质量的影响高于关系导向型话术，关系导向型话术对情感质量的影响高于任务导向型话术。其次，功能品采用任务导向型话术的购买意愿均值高于采用关系导向型话术（①＞②），享受品采用关系导向型话术的购买意愿均值高于采用任务导向型话术（⑤＞④），而功能品的控制组购买意愿均值远低于任务导向型话术组和关系导向型话术组（①＞③，②＞③），同样享受品的控制组购买意愿均值也低于任务导向型话术组和关系导向型话术组（⑤＞⑥，④＞⑥），这可能意味着同样类型的产品匹配不同的话术对购买意愿影响存在不同。另外，在比较同样的话术类型在不同类型产品间消费者购买意愿时发现，不管是任务导向型话术还是关系导向型话术或者控制组，功能品的购买意愿均值均高于享受品的购买意愿均值（①＞④，②＞⑤，③＞⑥），这可能意味着无论采用哪种类型的话术，功能品的购买意愿均高于享受品的购买意愿。

表 5.4 独立样本 T 检验分析结果表

变量名	变量值	样本量	平均值	标准差	t	P	平均值差值	Cohen's d 值
情感质量	功能任务	86	4.163	0.981	4.813	0.000***	0.807	0.732
	功能控制	87	3.356	1.21				
	总计	173	3.757	1.171				

注：***、**、* 分别代表 1%、5%、10% 的显著性水平。

表 5.5 各实验组变量测量结果描述性统计表

分组	功能品任务话术组① M值	功能品任务话术组① SD	功能品关系话术组② M值	功能品关系话术组② SD	功能品控制组③ M值	功能品控制组③ SD	享受品任务话术组④ M值	享受品任务话术组④ SD	享受品关系话术组⑤ M值	享受品关系话术组⑤ SD	享受品控制组⑥ M值	享受品控制组⑥ SD	两两比较 $P < 0.05$
认知质量	4.27	0.92	4.02	0.91	3.61	0.95	4.00	0.89	3.71	1.08	3.44	0.84	①>②③，②>③，④>⑤⑥，⑤>⑥，①>④，②>⑤，③>⑥
情感质量	4.06	1.01	4.263	1.04	3.34	1.20	3.87	1.08	4.15	1.06	3.27	1.05	②>①③，①>③，⑤>④⑥，④>⑥，②>⑤，①>④，③>⑥
购买意愿	4.38	1.02	4.07	1.07	3.21	1.25	3.50	1.05	3.91	1.13	3.16	1.11	①>②③，②>③，⑤>④⑥，④>⑥，①>④，②>⑤，③>⑥
样本数量	86		85		86		85		85		86		

5.3 信度与效度分析

本书调研数据的分析首先从信度和效度开始,通过信度效度的分析检验调研数据是否有效。只有信度和效度分析通过了检验才能确保调研问卷有意义。

信度分析主要是验证同一变量的各个测量题项的一致性、可信度、稳定性,采用Cronbach's α信度系数法对问卷数据进行信度的测量。效度分析主要是研究各题项的测量结果是否正确有用,这些题项能否很好地反映需要验证的问题。效度分析主要通过内容效度和结构效度对数据进行检验。本书使用成熟量表在内容效度方面较好;在结构效度方面,本书使用KMO和Bartlett的球形度来验证主成分的有效性。因子分析主要采用主成分分析法,判断测量量表能否较好地测量变量,检验效度,对于问卷样本、题项提取公因子,然后采取最大方差法进行正交旋转得到解释总方差,最后用SPSS软件分析得到旋转成分矩阵。

5.3.1 信度分析

信度分析主要考虑各题项的一致性,Cronbach's α值系数法检测量表的可信度。信度系数在0—1之间α值越大,可信度越高,本研究采用SPSSAU软件对量表进行可靠性分析。

(1)整体信度分析。根据表5.6的分析结果,Cronbach's α值为0.984,高于0.9,说明调查问卷测量量表的整体信度很高。

表5.6 整体量表信度分析

Crobach's α值	题项数
0.984	19

（2）各个变量量表的信度分析。本研究分别对自变量、中介变量、因变量进行信度检验，结果如表5.7所示。

表5.7 各变量量表信度分析

变量名称	对应问项数	Cronbach's α 值
任务导向型话术	5	0.947
关系导向型话术	5	0.959
认知质量	3	0.946
情感质量	3	0.939
购买意愿	3	0.931

由上表可知，自变量任务导向型话术与关系导向型话术，中介变量感知质量（认知质量，情感质量），因变量消费者购买意愿的Cronbach's α值全部大于0.9，证明自变量、中介变量、因变量的调研数据可信度都非常高，每个题项都是有效题项。

5.3.2 效度分析

本研究将从内容效度和结构效度两个方面进行分析。

（1）内容效度分析。此方法分析问卷调查中根据变量设计的提问项目能否反映该变量的真正含义。本书问卷中的变量及题项基本是国内外学者认可的、比较成熟的量表，具体情况请参考本书第4章"研究设计"的内容。在进行正式调研前，本书对理论模型和测量量表进行了全面的梳理，并根据直播的实际情境加以修改和补充。综合以上情况，笔者认为调研问卷具有良好的内容效度。

（2）结构效度分析。本书采用因子分析中的主成分因子分析法进行结构效度分析。首先对调研数据进行整体量表及各变量量表的KMO值和Bartlett球体检验。

调研数据整体量表及各变量量表的KMO值和Bartlett球体检验见表5.8和表5.9。

表 5.8 整体量表的 KMO 值和 Bartlett 值

KMO 值		0.924 5
Bartlett 球体检验	近似卡方	3 233.261
	自由度（df）	171
	显著性（sig.）	0.000

从上表可以看出，整体量表的 KMO 值为 0.924 5（大于 0.7），Bartlett 球体检验的显著性为 0.000（小于 0.05），说明调研问卷的整体效度良好。

表 5.9 各量表的 KMO 值和 Bartlett 值

变量	KMO 值	Bartlett 球体检验		
		近似卡方	自由度（df）	显著性（sig.）
任务导向型话术	0.874	570.283	10	0.000
关系导向型话术	0.861	643.095	10	0.000
认知质量	0.765	301.182	3	0.000
情感质量	0.748	305.794	3	0.000
购买意愿	0.734	275.651	3	0.000

从上表可以看出，量表中各个变量的 KMO 值均大于 0.5，显著性水平都趋近 0.000，表明各个变量所设置的问项间的相关性较高。

调研数据中各个变量的总体解释度如表 5.10 所示。

表 5.10 各变量的总体解释度

变量	总体解释度
任务导向型话术	83.51%
关系导向型话术	86.40%
认知质量	90.42%

（续表）

变量	总体解释度
情感质量	89.70%
购买意愿	88.08%

根据上表数据，各个变量的总体解释度都在60%以上（大于50%），说明各个变量的测量题项均有效，各个变量与题项均需保留。

调查样本数据中各变量的因子分析见表5.11。

表 5.11　各变量的因子分析表

变量	题项	成分				
		1	2	3	4	5
任务导向型话术	11	0.876				
	12	0.922				
	13	0.943				
	14	0.912				
	15	0.910				
认知质量	16			0.950		
	17			0.955		
	18			0.947		
关系导向型话术	19		0.930			
	20		0.939			
	21		0.944			
	22		0.931			
	23		0.902			
情感质量	24				0.938	
	25				0.958	
	26				0.944	

(续表)

变量	题项	成分				
		1	2	3	4	5
购买意愿	27					0.954
	28					0.954
	29					0.907

由上表可看出，变量和问项的因子载荷系数的绝对值都大于 0.8，说明任务导向型话术、关系导向型话术、认知质量、情感质量和购买意愿这些变量的量表题项和因子都有着对应关系，指标和各个变量之间有明显的相关性，而且这些变量均能被提取，说明调研问卷的结构效度非常好。

根据以上分析，本次调研问卷选用的数据具有良好的效度，所有变量与题项都需保留。

5.4 实证分析

对调研数据进行信度与效度分析后，接下来运用结构方程分析法进行实证分析，验证本书提出的模型与假设。

5.4.1 结构方程模型

结构方程模型主要是研究各变量之间的逻辑关系，通过对调研数据依次展开信度效度检验、因子分析后，本书研究构建的模型共分为 5 个构念 19 个题项，其中任务导向型话术与关系导向型话术互动分别包含 5 个题项，认知质量与情感质量各包含 3 个测量题项，消费者购买意愿包含 3 个测量题项。本书结构方程模型的测量变量题项与调研问卷的问题顺序一致。

（1）模型的建立。根据各假设建立模型图，如图 5.1 所示。

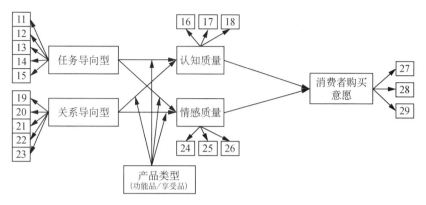

图 5.1 结构方程模型图

（2）模型拟合情况。本书构建结构方程模型对各个假设进行检验。首先导入调研数据，通过结构方程的各个拟合指标评价模型拟合情况，包括卡方自由度比值（CMIN/DF）、拟合优度指数（GFI）、近似误差均方根（RMSEA）、均方根残差（RMR）、规范拟合指数（NFI）、修正拟合指数（IFI）、比较拟合指数（CFI）、非范拟合指数（NNFI）这几项指标，看模型的整体适配性是否良好，是否可以支持模型开展下一步研究。这些指标相对权威，是当前众多专家学者验证并广泛使用的标准。

① 任务导向型话术互动模型的拟合指标及判断标准如表 5.12 所示。

表 5.12 任务导向型话术互动模型拟合指标结果

拟合指数	判断标准	理论来源	实际值
卡方自由度比值 χ^2/DF	< 3	Joseph F Hair, William C. Black	2.981
拟合优度指数（GFI）	> 0.9	Joreskog, Sorborn	0.850
近似误差均方根（RMSEA）	< 0.1	Browne, Cudeck	0.10
均方根残差（RMR）	< 0.05	Bentler	0.027
规范拟合指数（NFI）	> 0.9	Bentler	0.937

(续表)

拟合指数	判断标准	理论来源	实际值
修正拟合指数（IFI）	> 0.9	Bentler	0.957
比较拟合指数（CFI）	> 0.9	Bentler	0.957
非范拟合指数（NNFI）	> 0.9	Bentler	0.947

根据以上表格的指标数据及判断标准发现，模型拟合结果较好，拟合指数中的规范拟合指数、修正拟合指数、比较拟合指数、非范拟合指数达到良好水平，拟合优度指数可以接受。

② 关系导向型话术互动模型的拟合指标及判断标准如表 5.13 所示。

表 5.13　关系导向型话术互动模型拟合指标结果

拟合指数	判断标准	理论来源	实际值
卡方自由度比值 χ^2/DF	< 3	Joseph F Hair, William C. Black	3.06
拟合优度指数（GFI）	> 0.9	Joreskog, Sorborn	0.893
近似误差均方根指数（RMSEA）	< 0.1	Browne, Cudeck	0.09
均方根残差（RMR）	< 0.05	Bentler	0.022
规范拟合指数（NFI）	> 0.9	Bentler	0.961
修正拟合指数（IFI）	> 0.9	Bentler	0.973
比较拟合指数（CFI）	> 0.9	Bentler	0.973
非范拟合指数（NNFI）	> 0.9	Bentler	0.967

根据以上表格的指标数据及判断标准发现，模型拟合结果较好，拟合指数中的规范拟合指数、修正拟合指数、比较拟合指数、非范拟合指数达到良好水平，拟合优度指数可以接受。

③ 路径拟合情况。本书构建模型的路径拟合情况如图 5.2 所示。

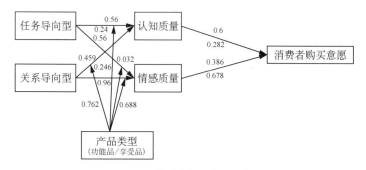

图 5.2 模型路径拟合结果图

根据上图结果,将各个路径拟合的结果整理为表 5.14。

表 5.14 结构方程模型的回归系数和统计性检验

路径		非标准回归系数	标准误 S.E.	临界值 C.R.	P	标准回归系数
认知质量	功能品任务导向型话术	0.521	0.055	9.429	***	0.560
认知质量	功能品关系导向型话术	0.443	0.055	8.048	***	0.459
认知质量	享受品任务导向型话术	0.258	0.105	2.451	0.014	0.240
认知质量	享受品关系导向型话术	0.769	0.102	7.549	0.000	0.762
情感质量	功能品任务导向型话术	0.032	0.060	0.528	0.598	0.032
情感质量	功能品关系导向型话术	0.996	0.071	13.941	***	0.960
情感质量	享受品任务导向型话术	0.297	0.193	1.543	0.123	0.246
情感质量	享受品关系导向型话术	0.780	0.182	4.289	0.000	0.688
购买意愿	功能品任务导向型话术 认知质量	0.634	0.117	5.405	***	0.600

（续表）

路径		非标准回归系数	标准误 S.E.	临界值 C.R.	P	标准回归系数
购买意愿	功能品关系导向型话术情感质量	0.379	0.108	3.516	***	0.386
购买意愿	享受品任务导向型话术认知质量	0.324	0.110	2.960	0.003	0.282
购买意愿	享受品关系导向型话术情感质量	0.695	0.100	6.961	0.000	0.678

注：*表示显著性水平 $P<0.05$，**表示显著性水平 $P<0.01$，***表示显著性水平 $P<0.001$。

从上表结果可看出，不同类型产品运用不同话术互动类型对感知质量产生不同的影响，进而通过感知质量的中介作用影响消费者的购买意愿，下面将对每个假设进行检验分析。

（3）假设检验。根据学术界标准，本书假设检验指标主要包括模型的临界比值（C.R.）、各个标准化路径回归系数、P 值等。当模型的临界比值（C.R.）绝对值大于 1.96，路径回归系数的 P 值小于 0.05，则表明路径回归系数在 0.05 的显著水平上不等于 0。

① 功能品。功能品结构方程模型的回归系数和统计性检验如表 5.15 所示。

表 5.15 功能品结构方程模型的回归系数和统计性检验

路径		非标准回归系数	标准误 S.E.	临界值 C.R.	P	标准回归系数
认知质量	任务导向型话术	0.521	0.055	9.429	***	0.560
认知质量	关系导向型话术	0.443	0.055	8.048	***	0.459

（续表）

路径		非标准回归系数	标准误 S.E.	临界值 C.R.	P	标准回归系数
情感质量	任务导向型话术	0.032	0.060	0.528	0.598	0.032
情感质量	关系导向型话术	0.996	0.071	13.941	***	0.960
购买意愿	认知质量	0.634	0.117	5.405	***	0.600
购买意愿	情感质量	0.379	0.108	3.516	***	0.386

注：* 表示显著性水平 $P < 0.05$，** 表示显著性水平 $P < 0.01$，*** 表示显著性水平 $P < 0.001$。

根据以上数据，模型的临界比值（C.R.）除任务导向型话术对情感质量的影响之外，其余都大于 1.96，且 P 值除任务导向型话术对情感质量的影响之外都小于 0.05，达到了显著水平，因此除任务导向型话术对情感有正向影响不成立外，其余都有显著的正向影响。基于此，主播在采用任务导向型话术直播时除了主要介绍功能与体验、售后等信息外，还可适当加入一些体现主播个人与品牌的语音，影响消费者的情感质量，更好地促进购买意愿。

标准化路径回归系数代表变量之间的关系，从以上数据看出，标准化路径回归值都大于 0，因此假设 H1a、H1c、H1d、H2a1、H2c1、H2d1、H3a、H3b 得到验证，H1b、H2b1 没有得到验证。

从标准化路径回归系数来看，功能品采用任务导向型话术对认知质量的正向影响高于采用关系导向型话术对认知质量的正向影响（0.560 > 0.459），关系导向型话术对情感质量的正向影响远高于任务导向型话术对情感质量的影响（0.960 > 0.032），假设 H1f 得到了验证。

功能品的两种话术都能影响认知质量与情感质量，但功能品的在直播时，消费者认知质量对其购买意愿的影响远高于消费者情感质量对其购买意愿的影响（0.600 > 0.386）。消费者产生购买意愿是由于更认同产品的功能、售后、使用经验等而不是品牌与个人体验，所以卖功能品的主播首选任务导向型话术。

（2）享受品。享受品结构方程模型的回归系数和统计性检验如表5.16所示。

表5.16 享受品结构方程模型的回归系数和统计性检验

路径		非标准回归系数	标准误 S.E.	临界值 C.R.	P	标准回归系数
认知质量	任务导向型话术	0.258	0.105	2.451	***	0.240
认知质量	关系导向型话术	0.769	0.102	7.549	***	0.762
情感质量	任务导向型话术	0.297	0.193	1.543	0.123	0.246
情感质量	关系导向型话术	0.780	0.182	4.289	***	0.688
购买意愿	认知质量	0.324	0.110	2.960	***	0.282
购买意愿	情感质量	0.695	0.100	6.961	***	0.678

注：* 表示显著性水平 $P < 0.05$，** 表示显著性水平 $P < 0.01$，*** 表示显著性水平 $P < 0.001$。

根据以上数据，模型的临界比值（C.R.）除任务导向型话术对情感质量影响之外，其余都大于1.96，且 P 值除任务导向型话术对情感质量影响之外都小于0.05，都达到了显著水平，与功能品一样，享受品除任务导向型话术对情感影响有正向影响不成立外，其余都有显著的正向影响。基于此，主播在采用任务导向型话术直播时除了主要介绍功能与体验、售后等信息外，还可适当加入一些体现主播个人与品牌的语言，影响消费者的情感质量，更好地促进购买意愿。

标准化路径回归系数代表变量之间的关系，从以上数据看出，标准化路径回归值都大于0，假设 H1a、H1c、H1d、H2a2、H2c2、H2d2 和 H3a、H3b 得到验证。但 H1b、H2b2 没有得到验证。

从标准化系数来看，享受品采用关系导向型话术对认知质量与情感质量的影响均高于任务导向型话术对认知质量与情感质量的影响（0.762＞0.240；0.688＞0.246），假设 H1e 没有得到验证、H1f 得到了验证。因此享受品直播时尽量少使用任务导向型话术，关系导向型话术对认知质量与情感质量的影响比任务导向型话术的影响均更大，尽量用关系导向型话术进行直播。

两种话术都能带来认知质量与情感质量，但在享受品的直播过程中，情感质量对消费者购买意愿的影响远高于认知质量对消费者购买意愿的影响（0.678＞0.282）。消费者产生购买意愿是由于更认同产品的品牌、主播个人情况等而不是产品的功能、售后、使用经验等，所以卖享受品首选关系导向型话术。

相比享受品，功能品采用任务导向型话术对认知质量的影响更大（0.560＞0.240），H2a3 得到验证。相比功能品，享受品采用关系导向型话术对情感质量的影响更小（0.688＜0.960），H2d3 没有得到验证。因此，功能品采用任务导向型话术对认知质量的影响、采用关系导向型话术对情感质量的影响均超过享受品，表明直播平台主要还是销售功能品，消费者更喜欢质优价廉、性价比高的产品，直播平台打动消费者情感的主要还是产品的实用与价格的优惠，在直播平台销售享受品不管运用哪种话术都卖不过功能品，所以直播平台在选品时主要选择功能品进行销售。功能品更能触发消费者的认知质量与情感质量，进而影响消费者购买意愿。

5.4.2　感知质量的中介作用检验

感知质量分为认知质量和情感质量，话术互动类型分为任务导向型话术互动和关系导向型话术互动。本研究使用 Bootstrap 中介效应检验法检验感知质量是否在话术互动类型对消费者购买意愿影响中起到中介作用，通过重复抽样 2 000 次得到表 5.17 的中介效应检验结果表。

表 5.17 中介效应检验结果表

	直接效应	总效应	中介效应	标准误差	Percentile method (95%)		P
					下区间	上区间	
任务导向型话术—感知质量（认知、情感）—购买意愿	0.007	0.302	0.132	0.061	0.005	0.248	0.031
关系导向型话术—感知质量（认知、情感）—购买意愿	0.418	0.735	0.163	0.081	0.003	0.319	0.043

根据学术界标准，使用 Bootstrap 检验中介效应，在 95% 的置信区间内包含 0，表明中介效应不存在；不包含 0，则表明存在中介效应。根据以上数据，中介路径为任务型话术—感知质量（认知、情感）—购买意愿的中介值为 0.132，且在 95% 的置信区间 [0.005，0.248] 内不包含 0，对应的 P 值是 0.031，说明在 0.05 的水平上达到显著，中介路径成立。

同理可知，中介路径为关系型话术—感知质量（认知、情感）—消费者购买意愿的中介值为 0.163，在 95% 的置信区间 [0.003，0.319] 内不包含 0，对应的 P 值是 0.043，说明在 0.05 水平上达到显著，中介路径成立。

根据以上数据分析得知，感知质量（认知、情感）在任务导向型话术和关系导向型话术对消费者购买意愿的影响中起到中介作用，假设 H3 得到验证。

5.4.3 产品类型调节作用检验

为了研究产品类型是否在话术互动类型（任务导向型、关系导向型）对感知质量的影响中起到调节作用，本书采用层次回归法检验其调节作用。

（1）产品类型的控制检验。根据 Khan 的方法再次做控制检验，看数据结果是否表明被调查对象能正确判断实验中的产品类型。

首先检验交互作用，通过一般线性模型的单变量分析、话术类型和产品类型交互效应的检验结果，验证话术类型和产品类型的交互作用是否对中介变量感知质量有显著影响，产品类型在话术类型与感知质量之间是否起到调节作用。

然后比较功能品和享受品采用不同话术类型产生影响的差别，并分析产品类型调节效应检验结果是否显示功能品话术与享受品话术对感知质量的影响存在显著差异、功能品的认知质量是否显著高于享受品、分析不同产品与话术对感知质量影响的差别点、功能品采用任务导向型话术类型是否比享受品对认知质量的影响更大。

（2）通过层次回归法检验产品类型的调节作用。层次回归法建立在回归分析法的基础上，其原理是将所研究的变量依次放入模型，逐个考查变量对回归方程的贡献。当变量贡献显著时，说明该变量具有影响作用。此方法主要用于检验自变量影响因变量后，新添加的其他变量是否对因变量有影响。本书将自变量任务导向型话术互动与关系导向型话术互动、因变量感知质量放入 M1；将自变量任务导向型话术互动与关系导向型话术互动、因变量感知质量、调节变量产品类型（功能品、享受品）放入 M2；将自变量任务导向型话术互动与关系导向型话术互动、因变量感知质量、调节变量产品类型（功能品、享受品）、话术互动类型（任务导向、关系导向）与产品类型（功能品、享受品）的交叉项放入 M3。通过层次回归得到表 5.18。

表 5.18　产品类型调节作用结果表

	感知质量		
	M1	*M2*	*M3*
任务导向型话术	0.839	0.831	0.812
关系导向型话术	0.893	0.894	0.802

（续表）

	感知质量		
	*M*1	*M*2	*M*3
功能品		0.082	0.078
享受品		0.019	0.009
任务导向型话术 × 功能品			0.025
任务导向型话术 × 享受品			0.043
关系导向型话术 × 功能品			0.005
关系导向型话术 × 享受品			0.051
R 方	0.797	0.804	0.809
调整后的 *R* 方	0.795	0.798	0.798
R 方变化量	0.797	0.008	0.005

$M1$ 是直接加入自变量话术互动类型（任务导向、关系导向）对感知质量的回归分析，结果表明，任务导向型话术互动对感知质量有显著的正向影响（$\beta=0.839$，$P<0.001$），关系导向型话术互动对感知质量也有显著的正向影响（$\beta=0.893$，$P<0.001$）。

$M2$ 是在 $M1$ 的基础上加入调节变量产品类型（功能品与享受品），结果表明，功能品对感知质量有显著的调节影响（$\beta=0.082$，$P<0.001$），享受品对感知质量也有显著的调节影响（$\beta=0.019$，$P<0.001$），假设 H2 得到验证。

$M3$ 是在 $M2$ 的基础上加入两个调节效应交叉项，任务导向型话术 × 功能品，任务导向型话术 × 享受品，关系导向型话术 × 功能品，关系导向型话术 × 享受品，结果显示任务导向型话术 × 功能品对认知质量有显著正向影响（$\beta=0.025$，$P<0.001$），任务导向型话术 × 享受品对认知质量有显著正向影响（$\beta=0.043$，$P<0.001$），关系导向型

话术 × 功能品对情感知质量有显著正向影响（$\beta=0.005$，$P < 0.001$），关系导向型话术 × 享受品对情感质量有显著的正向影响（$\beta=0.051$，$P < 0.001$），也就是不同的产品类型会增强任务导向型与关系导向型话术对感知质量的正向影响，产品类型作为调节变量得到验证。

（3）通过交互效应图验证调节效应。为了形象地表达调节效应的影响模式，接下来画出交互效应图（图5.3、图5.4、图5.5、图5.6）。为了方便作图，本研究对数据进行了标准化转换。

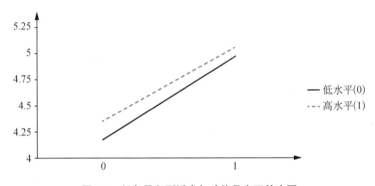

图5.3　任务导向型话术与功能品交互效应图

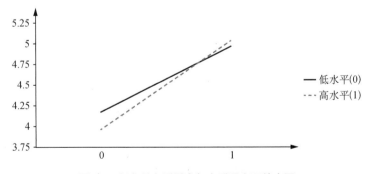

图5.4　任务导向型话术与享受品交互效应图

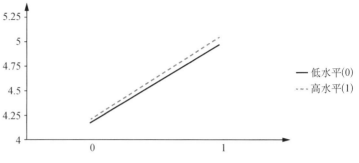

图 5.5 关系导向型话术与享受品交互效应图

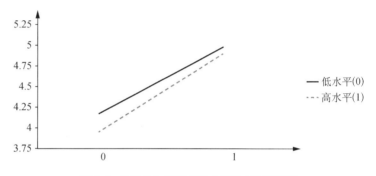

图 5.6 关系导向型话术与功能品交互效应图

图 5.3 中的两条曲线呈交叉趋势，表明交互效应明显，由于两条曲线的斜率都为正，说明功能品采用任务导向型话术对感知质量总体上具有正向影响。实线的斜率略大于虚线的斜率，说明对于低功能品，任务导向型话术对认知质量的正向影响较大；而对于高功能品，任务导向型话术对认知质量的正向影响较小。功能品在任务导向型话术与认知质量的关系中起调节作用。

图 5.4 中的两条曲线呈交叉状态，表明交互效应明显，由于两条曲线的斜率都为正，说明享受品采用任务导向型话术对感知质量总体上具有正向影响。实线的斜率大于虚线的斜率，说明对于高享受产品，任务导向型话术对认知质量的正向影响较大；而对于低享受产品，任务导向型话

术对认知质量正向影响较小。享受品在任务导向型话术与认知质量的关系中起调节作用。

图 5.5 中的两条曲线呈交叉趋势，表明交互效应明显，由于两条曲线的斜率都为正，说明关系导向型话术对感知质量总体上具有正向影响。实线的斜率略大于虚线的斜率，说明对于高享受品，关系导向型话术对情感质量的正向影响较大；而对于低享受品，关系导向型话术对情感质量的正向影响较小。享受品在关系导向型话术与情感质量的关系中起调节作用。

图 5.6 中的两条曲线呈交叉趋势，表明交互效应明显，由于两条曲线的斜率都为正，说明关系导向型话术对感知质量总体上具有正向影响。实线的斜率略大于虚线的斜率，说明对于高功能品，关系导向型话术对情感质量的正向影响较大；而对于低功能品，关系导向型话术对情感质量的正向影响较小。功能品在关系导向型话术与认知质量的关系中起调节作用。

5.5 假设检验汇总

通过以上的各项分析，将模型假设检验的结果汇总如表 5.19。

表 5.19 研究假设检验结果汇总

编号	研究假设	显著性	验证结果
H1	话术类型对感知质量有影响	显著	成立
H1a	任务导向型话术对消费者认知质量有正向影响	显著	成立
H1b	任务导向型话术对消费者情感质量有正向影响	不显著	不成立
H1c	关系导向型话术对消费者认知质量有正向影响	显著	成立
H1d	关系导向型话术对消费者情感质量有正向影响	显著	成立

（续表）

编号	研究假设	显著性	验证结果
H1e	任务导向型话术比关系导向型话术对消费者认知质量影响更大	不显著	不成立
H1f	关系导向型话术比任务导向型话术对消费者情感质量影响更大	显著	成立
H2	产品类型在话术类型对感知质量起正向调节作用	显著	成立
H2a1	功能品采用任务导向型话术对认知质量起正向调节作用	显著	成立
H2a2	享受品采用任务导向型话术对认知质量起正向调节作用	显著	成立
H2a3	相比享受品，功能品采用任务导向型话术对认知质量影响更大	显著	成立
H2b1	功能品采用任务导向型话术对情感质量起正向调节作用	不显著	不成立
H2b2	享受品采用任务导向型话术对情感质量起正向调节作用	不显著	不成立
H2c1	功能品采用关系导向型话术对认知质量起正向调节作用	显著	成立
H2c2	享受品采用关系导向型话术对认知质量起正向调节作用	显著	成立
H2d1	功能品采用关系导向型话术对情感质量起正向调节作用	显著	成立
H2d2	享受品采用关系导向型话术对情感质量起正向调节作用	显著	成立
H2d3	相比功能品，享受品采用关系导向型话术对情感质量影响更大	不显著	不成立
H3	感知质量对消费者购买意愿有正向影响	显著	成立
H3a	认知质量对消费者购买意愿有显著正向影响	显著	成立
H3b	情感质量对消费者购买意愿有显著正向影响	显著	成立

第 6 章
研究结论与展望

本研究基于 S-O-R 理论模型，从感知质量理论的心理视角，通过对互动性理论、营销语言学、产品类型理论、消费者购买意愿理论等的研究，探讨在电商直播情境下，直播购物主播话术互动类型（任务型与关系型）在产品类型（功能品与享受品）的调节下，通过感知质量的中介作用对消费者购买意愿的影响。

本书首先根据理论文献的研究及工作实践找出各个变量，构建模型，提出相关假设；然后采用调研问卷法，让调查对象观看电商直播主播的话术互动视频与图片等资料并回答问题，获得被调查对象的一手调研数据，再通过 SPSSAU 软件进行数据分析，验证模型与假设，最终论证了主播话术互动类型在不同类型产品调节作用下通过感知质量对消费者购买意愿的影响及其内在机制、电商主播话术互动类型对感知质量的影响，以及感知质量在主播话术互动类型影响消费者购买意愿中起到的中介作用、产品类型对话术互动类型影响感知质量过程中的调节作用。

▶ 6.1 研究结果分析与总结

电商直播是目前新兴的网购营销方式，给商家带来了巨大的商机，已成为各大企业营销的标配，与传统电商和实体店购物相比，具有社会性、即时性、虚拟性。电商直播主播通过信息网络平台展示产品与服务，利用与消费者的互动来影响消费者购买意愿与行为。这种新型购物模式具有社交属性，是典型的社交电商。在直播购物时，消费者产生购买意愿与行为首先受到直播主播的影响，主播合适的营销话术作为电商直播中极其重要的环节，对直播效果、产品销售转化率有重大作用，不同类型的直播话术互动方式对消费者的影响各不相同。

研究结果显示，在电商直播购物的情景中，主播不同的"播"法会产生不同的消费者购买意愿与行为，也就是主播采用不同的话术互动方式在不同类型产品的调节下对消费者的感知质量产生影响，从而影响消费者的购买意愿。具体来说，主播营销话术的互动类型（任务导向型话术、关系导向型话术）影响消费者的感知质量（认知质量、情感质量），而且任务导向型话术与关系导向型话术对消费者的认知质量与情感质量的影响各不相同；产品类型（功能品与享受品）调节话术互动类型对消费者感知质量的影响；感知质量（认知质量、情感质量）影响消费者购买意愿，具体的研究分析和结果如下。

（1）在直播情境下，主播不同话术互动类型（任务导向型话术、关系型话术）会影响消费者感知质量（认知质量、情感质量）；任务导向型话术与关系导向型话术通过感知质量会对消费者购买意愿产生不同的影响。

在任务导向型话术互动中，主播通过阐述、指令、承诺类语言触发消费者的客观判别思维，主播专业的产品功能介绍给消费者提供了全面系统的产品信息，影响消费者认知质量，有效地帮助消费者进行购买决策；在关系导向型话术互动中，主播通常以宣告、表达类语言唤起消费者的情感判别思维，主播对品牌价值及个人感受的讲解能够构建起消费者的情感共鸣与身份认同，同时强化消费者与主播之间一致性，影响消费者的情感质量与购买意愿。

通过模型路径回归系数分析任务导向型与关系导向型话术对消费者感知质量的影响，发现这两种不同的话术类型都会导致消费者认知质量的产生（$C.R. > 1.96$，$P < 0.05$），关系导向型话术会刺激消费者情感质量的产生（$C.R. > 1.96$，$P < 0.05$），任务导向型话术互动不会刺激消费者情感质量的产生（$C.R. < 1.96$，$P > 0.05$）。这表明在直播过程中，消费者除了听主播讲解产品功能外，还需要听到一些关系导向型话术以激发起消费者的情感质量，因此通过任务导向型话术直播时除了主要讲产品或服务的功能与体验、售后等外，适当地增加一些个人心得与品牌故事，会影响消费者的情感质量，从而更好的促进购买意愿。

此外，通过结构方程模型分析法，采用路径回归系数对任务导向型话术与关系导向型话术进行对比，发现关系导向型话术对情感质量的影响高于任务导向型话术对情感质量的影响（功能品为 $0.960 > 0.032$，享受品为 $0.688 > 0.246$）；但任务导向型话术对认知质量的影响不一定高于关系导向型话术对认知质量的影响（功能品为 $0.560 > 0.459$，享受品为 $0.240 < 0.762$）。

具体来分析，根据标准化回归系数的对比，功能品采用任务导向型话术对认知质量的影响高于采用关系导向型话术对认知质量的影响（$0.560 > 0.459$），关系导向型话术对情感质量的影响远高于任务导向型话术对情感质量的影响（$0.960 > 0.032$），两种话术都能带来认知质量与情感质量，但在功能品的直播过程中，认知质量对消费者购买意愿的影响远高于情感质量对消费者购买意愿的影响（$0.600 > 0.386$）。消费者愿意购买商品的原因是更认同产品的功能、售后、使用经验等而不是品牌与个人心得，所以直播卖功能品时主播首选任务导向型话术。

两种话术都能带来认知质量与情感质量，但享受品采用关系导向型话术对认知质量与情感质量的影响均高于采用任务导向型话术对认知质量与情感质量的影响（0.762＞0.240，0.688＞0.246），表明主播在进行享受品直播时，用任务导向型话术讲解产品功能、卖点与售后服务等无法打动消费者的感知质量，采用关系导向型话术可以使消费者了解品牌的故事、主播个人的使用心得，并通过相互之间的互动关系激发消费者的认知质量与情感质量，因此在享受品直播销售过程中主播使用关系导向型话术对消费者的感知质量影响更大。而且从数据来看，情感质量对消费者购买意愿的影响远高于认知质量对消费者购买意愿的影响（0.678＞0.282），消费者产生购买意愿是由于更认同品牌、主播个人情况等而不是产品的功能、售后、使用经验等。所以直播卖享受品时主播应首选关系导向型话术。

相较于享受品，功能品采用任务导向型话术对认知质量的影响更大（0.560＞0.240）；相较于功能品，享受品采用关系导向型话术对情感质量的影响更小（0.688＜0.960），即相比享受品，功能品采用关系导向型话术对情感质量影响也更大。功能品直播采用两种类型的话术对感知质量的影响均大于享受品，表明直播平台无论采用哪种话术，消费者更喜欢质优价廉、性价比高的功能品而不是享受品，直播平台打动消费者认知与情感的因素主要还是实用与价格，所以直播平台要优先选取功能品进行销售。

（2）在直播情境下，不同类型产品通过对主播话术互动类型的调节影响消费者感知质量及消费者购买意愿。

通过实验验证发现，话术互动类型（任务导向型、关系导向型）对消费者感知质量（认知、情感）的影响受到产品类型（功能品、享受品）的调节。采用任务导向型话术介绍功能品，能触发消费者的认知质量，有效提高消费者购买意愿，促进产品销售。采用关系导向型话术互动介绍享受品，能影响消费者的情感质量，有效提高消费者购买意愿，促进产品销售。

在研究过程中使用层次回归法进行验证，发现产品类型对感知质量有调节作用（$\beta=0.839$，$P<0.001$；$\beta=0.893$，$P<0.001$）；在话术类型基础上加入2个调节变量即产品类型（功能品与享受品），发现产品类型会增强任务导向型话术（$\beta=0.082$，$P<0.001$）和关系导向型话术（$\beta=0.019$，$P<0.001$）对感知质量的正向影响。再次用层次回归法对调节效应交叉项任务导向型话术 × 功能品、任务导向型话术 × 享受品、关系导向型话术 × 功能品、关系导向型话术 × 享受品进行验证，结果显示任务导向型话术 × 功能品对认知质量有显著正向影响（$\beta=0.025$，$P<0.001$），任务导向型话术 × 享受品对认知质量有显著正向影响（$\beta=0.043$，$P<0.001$），关系导向型话术 × 功能品对情感知质量有显著正向影响（$\beta=0.005$，$P<0.001$），关系导向型话术 × 享受品对情感质量有显著正向影响（$\beta=0.051$，$P<0.001$），即产品类型会增强任务与关系型话术对感知质量的正向影响，但任务导向型话术 × 功能品与任务导向型话术 × 享受品对情感质量没有正向影响。

所以，对于功能品，相较于关系导向型话术，主播用任务导向型话术更能提高消费者的购买意愿；对于享受品，相较于任务导向型话术互动，主播用关系导向型话术互动更能提高消费者的购买意愿。我们对不同类型的产品进行直播时选择相适应的话术类型将更加有利于促进消费者的购买意愿。

（3）在直播情境下，消费者的感知质量（认知质量、情感质量）会正向影响消费者的购买意愿，感知质量是话术互动类型影响消费者购买意愿的中介机制。

本书使用Bootstrap工具检验中介效应，发现感知质量在话术互动类型与消费者购买意愿之间起到中介作用。具体路径 1 任务导向型话术—感知质量（认知质量、情感质量）—购买意愿的中介值为 0.132，在 95% 的置信区间 [0.005, 0.248] 内不包含 0，对应 P 值为 0.031，且在 0.05 的水平上达到显著，中介路径成立。路径 2 关系导向型话术—感知质量（认知、情感）—购买意愿的估计值为 0.163，在 95% 置信的区间 [0.003, 0.319] 内不包含 0，对应 P 值 0.043，在 0.05 的水平上达到显著，满足完全中介。根据以上数据分析结果，消费者在观看电商直播时感知质量（认知、情感）影响消费者的购买意愿。消费者在观看直播时，专注于主播对产品的介绍，在产品的功能认知、品牌及个人体验上产生强烈的心理反应，使消费者不由自主地想去购买。认知质量与情感质量都可以触发消费者的购买意愿，从消费意愿的角度证明了主播使用任务导向型话术更能提高消费者对功能品的购买意愿，对主播的认知质量是消费者愿意购买功能品的中介变量；主播使用关系导向型话术更能提高消费者对享受品的购买意愿，对主播的情感质量是消费者愿意购买享受品的中介变量。

▶ 6.2 营销启示与建议

电商直播已成为当前企业最重要的营销渠道与传播途径。电商直播平台能实现"品销合一"的效果，既能进行品牌的宣传推广，增加粉丝会员，又能进行产品的销售，因此掌握直播情境下主播话术互动的各种方式、吸引更多的消费者参与、提高消费者购买意愿、增加品牌黏性，对促进产品的销售与品牌的推广都极为重要。本书通过电商直播情境下不同话术互动类型对消费者购买意愿的影响研究，填补了互动学与营销语言学相结合的话术领域研究空白。直播过程中主播采用任务型话术互动是以阐明、承诺、指令类语言为主，通过陈述句、疑问句、比较类营销语言等详细介绍产品的功能、售后等信息，以对产品了解的专业度促成销售。主播采用关系导向型话术互动是以表达、宣告类语言为主，通过祈使句、感叹句、赞美类营销语言介绍品牌故事或主播个人心得体会，通过关系情感影响消费者购买意愿。研究成果具有通用性，适用于直播销售各种产品。研究结论突破常理却又符合现状，解释了直播市场的现象，具有良好的应用指导价值，为电商直播主播针对不同产品运用不同的话术提出了有效的营销建议。

6.2.1　直播平台的选品

直播平台主要挑选功能品进行销售。功能品采用任务导向型话术对认知质量的影响、采用关系导向型话术对情感质量的影响均超过了享受品，在直播平台销售享受品不管运用哪种话术对感知质量的影响都不如功能品。功能品更能触发消费者的认知质量与情感质量，影响消费者购买意愿。本书在绪论部分统计了2022年"双十一"期间抖音与快手平台直播带货销售额TOP10品类，基本都是快消品与日常用品，可以看出电商直播特别适合销售功能品。企业通过直播平台销售产品时，尽量选功能品，营销效果会比享受品更好。

6.2.2　主播直播功能品的营销话术

（1）直播功能品时主要选任务导向型话术促进消费者购买。

在功能品直播过程中，采用任务导向型话术对认知质量的影响高于采用关系导向型话术对认知质量的影响，而且消费者的认知质量对购买意愿的影响远高于消费者情感质量对购买意愿的影响。消费者愿意购买产品主要是认同产品的功能、售后、使用经验等，而不是通过了解品牌与个人体验产生购买意愿，所以企业在直播功能品销售时主要选任务导向型话术,以阐明、承诺、指令类语言为主,通过陈述句、疑问句、比较类营销语言让消费者全面了解产品的功能、卖点及售后服务等,促进消费者进行产品的购买。

(2)在运用任务导向型话术直播功能品时适当增加关系导向型话术,将更好促进消费者购买意愿。

直播功能品时,任务导向型话术对情感质量没有正向影响,但关系导向型话术对情感质量影响显著,而且情感质量正向影响消费者的购买意愿,所以运用任务导向型话术直播功能品时主要讲产品功能、体验、售后等,通过专业的形象提升消费者对产品认知质量的感知,同时适当采用关系导向型话术增加品牌及个人分享等内容,通过情感质量机制发挥作用,让消费者产生品牌信赖与主播个人信任的情感质量,从而更好地促进消费者购买意愿。主播对于两种互动话术都要熟练掌握、灵活使用。

6.2.3 主播直播享受品的营销话术

享受品直播时应选择关系导向型话术,关系导向型话术对认知质量与情感质量的影响均比任务导向型话术的影响大,同时情感质量对消费者购买意愿的影响远高于认知质量对消费者购买意愿的影响。消费者愿意购买产品是由于更认同品牌与主播个人等而不是产品的功能、售后服务与使用经验等。所以在直播享受品时,主播主要选关系导向型话术,运用表达、宣告类营销语言,以祈使句、感叹句、赞美类营销语言,利用自身的人气与关注度、企业的品牌感知力等,有效提升影响力,吸引消费者与主播采取一致行为来满足其愉悦感与身份认同,尽量少使用任务导向型话术。

此外,不论是采用任务导向型话术还是功能导向型话术,在直播前都需要充分准备,首先对直播的每款产品进行类型判断，根据产品特点结合话术语言特征进行充分准备，每句话术都要仔细推敲，同时与助播、运营、场控一起做好话术与串词的演练，面对空镜头先背诵话术剧本，熟练掌握后才能上场直播。直播时，场控的提词板要不断提醒与督促主播及时调整话术内容，针对消费者的各种提问，场控与运营要一起配合、灵活应对，牢牢掌握住直播的节奏。如果不能熟练运用两种话术在不同情境讲解不同的产品，将无法触发消费者的认知与情感，会影响消费者购买意愿。

▶ 6.3 研究局限与未来展望

6.3.1 研究局限

本研究基于 S-O-R 理论模型，通过理论和实证相结合的方式，从电商直播主播的话术互动类型对消费者感知质量的影响出发，比较不同的话术互动类型对感知质量的影响，分析感知质量在主播话术互动类型影响消费者购买意愿的中介作用以及产品类型对主播话术类型影响消费者感知质量的调节作用，研究结果填补了直播领域对话术互动研究的空白，通过对话术的拆解与分类，对企业有效开展直播营销活动有一定的参考作用。研究结论拓宽了现有理论，对当前开展直播的企业学习如何通过直播中最重要的"播"（话术）吸引消费者以进行流量变现具有重要的借鉴意义。但由于研究时间和精力的限制，对直播话术影响因素的研究中只分析了对消费者心理影响因素的一部分，没有涉及其他消费行为的影响因素，同时本书在问卷调查过程中，所展开的研究对象及研究范围有限，分析结果依旧存在一定的片面性，需要在今后的研究中加以改进。具体研究的不足与局限性如下。

（1）调查样本有一定的局限。本次通过问卷网进行网上问卷调查，被调研对象基本上是观看过电商直播的用户，对直播有一定的了解，样本来源分布于全国的不同地区和各种行业，因为各个地区有不同生活习惯，消费文化也存在差异，用户有不同的消费倾向，同时被调研对象的数量也有限，样本不够全面，可能存在不能完全代表所有消费人群的局限性。

（2）研究范围有一定的局限。首先在中介变量选择方面，本研究以感知质量作为中介变量，并细分为认知质量和情感质量，没有考虑感知质量的其他影响因素。消费者在观看直播时不仅仅产生感知质量，还会有其他的认知与情绪，包括社会认同感、顾客信任度、心流价值等，值得进一步深入挖掘。其次在因变量选择方面，本书采用消费者购买意愿作为因变量，但购买意愿不能完全等同于购买行为，可能存在消费者有购买的想法但由于其他因素的影响最终无法转变为实际的购买行为。因此，如何有效将消费者意愿转变为实际的购买行为值得进一步研究。

（3）测量工具有一定的局限。本书调查问卷的测量量表共有5个构念19个题项，包括任务导向型话术互动、关系导向型话术互动、认知质量、情感质量、消费者购买意愿，所有问卷题项均出自国内外相关学者的成熟量表并结合直播实际情境整理而成，调研数据的信度和效度良好，验证了相关假设。但由于直播是一种新型的营销模式，被调研对象在主观答题时，可能对部分题项理解不充分，导致问卷收集的数据存在一定的偏差。

6.3.2 未来展望

本书主要研究了直播环境下主播采用不同的话术互动类型在不同产品品类调节下通过感知质量对消费者购买意愿产生影响的机制，经过对前期的总结分析发现还有一些值得商榷的问题归纳如下,供后来研究者参考。

(1)扩大调研范围。接下来的研究可以通过加大调研对象的数量、采集更多的调研数据进行更具有普遍适用性的分析。还可以针对不同地域、不同消费背景下的人群开展对直播主播话术技巧的研究。

(2)扩大研究范围。从自变量来看,主播的话术分为任务导向型话术与关系导向型话术,主要从使用不同的营销语言句式来进行分拆分类,也可以通过不同的语种将话术进行分类,研究其对消费者购买意愿的影响。比如有直播间采用中英文直播话术来进行销售,购物的同时进行语言学习,今后可以考虑从不同语种的角度来进行话术研究。另外,本书研究的两种话术能帮助消费者在不同的产品购买需求下,找到功能利益点或者关系身份认同利益点,做出明智的购买决定,从而达成交易。当然,本研究只考虑了真实地呈现任务导向型与关系导向型话术,没有考虑到由于主播巧舌如簧但超出事实的虚假宣传销售,造成消费者购买产品之后感到后悔而退货。这种由于过度使用话术而不注意真实性使消费者产生冲动购买但事后退货的现象,在后续的研究中可以进一步研究探讨。

从调节变量来看,产品类型可分为功能品与享受品、便利品与特殊品等,不同类型的产品各具特色、有着不同的吸引力,但由于消费者收入不同,高收入人群与低收入人群对不同产品有不同的关注度,对同一类产品可能也会产生不同的购买意愿,今后的研究可以将消费者的收入作为变量加入模型中。从中介变量来看,本书将感知质量作为话术互动对消费者购买意愿影响的中介机制,今后可以将社会认同感、顾客信任度、心流价值等诸多因素在电商直播环境下作为中介变量的作用进行研究。从因变量的影响因素来看,本研究验证了主播话术对消费者购买意愿的影响,除此之外,主播的外在形象与内在气质、直播间氛围、演示方式、价格及促销方式、抖音短视频的平台基因等因素也会影响消费者的认知和情绪，今后的研究可以从这些因素着手进行针对性的研究。本书的因变量采用了消费者购买意愿，之后的研究者可进一步分析消费者购买意愿如何转化为消费者购买行为的机制。另外本书主要研究直播环境下不同话术对消费者购买意愿的影响机制，在后续的研究中还可以针对传统电商、传统线下营销话术对消费者购买意愿的影响进行研究。

（3）改进研究方法。在调研数据收集方面，本研究的数据主要来源于被调查对象根据所观看的直播视频对各变量的测量题项进行答题，与实际的直播场景可能不完全一样，有一定主观性。随着 AI 技术的飞速发展，目前各电商平台已开始有数字直播员进行直播，所以今后对直播的研究，可以采用这种方式模仿实际情景对被调查对象进行直接观察和测量；也可以与电商直播平台合作，收集直播的各种后台数据，细化研究对消费者购买意愿产生影响的各种机制。

附录
预实验及正式调查问卷材料

一、预实验材料

https://www.wenjuan.com/s/JbE7fuf/#《产品直播调查问卷一》

https://www.wenjuan.com/s/zUzM32s/#《产品直播调查问卷二》

https://www.wenjuan.com/s/3Y3QJrX/#《产品直播调查问卷三》

https://www.wenjuan.com/s/JzYJ32a/#《产品直播调查问卷四》

https://www.wenjuan.com/s/j2M7jqV/#《产品直播调查问卷五》

https://www.wenjuan.com/s/VvQRJfV/#《产品直播调查问卷六》

https://www.wenjuan.com/s/nEbymi9/#《产品直播调查问卷A》

https://www.wenjuan.com/s/mmQFjq1/#《产品直播调查问卷B》

https://www.wenjuan.com/s/MB3UF31/#《产品直播调查问卷C》

https://www.wenjuan.com/s/bErmyus/#《产品直播调查

问卷 D》

https://www.wenjuan.com/s/nyMFFrA/#《产品直播调查问卷 E》

https://www.wenjuan.com/s/uUNFFj1/#《产品直播调查问卷 F》

二、正式调查问卷材料

问卷网（https://www.wenjuan.com/member），手机登陆，用户名为 15317795935。

https://www.wenjuan.com/s/vYnIfuv/#《产品直播调查问卷 A——正式》

https://www.wenjuan.com/s/ZneI7z4/#《产品直播调查问卷 B——正式》

https://www.wenjuan.com/s/z2UbErc/#《产品直播调查问卷 C——正式》

https://www.wenjuan.com/s/JJRRvm/#《产品直播调查问卷 D——正式》

https://www.wenjuan.com/s/2y26Vno/#《产品直播调查问卷 E——正式》

https://www.wenjuan.com/s/IFBJj2M/#《产品直播调查问卷 F——正式》

三、《产品直播调查问卷 A》

各位男神/女神：

您好！非常感谢您协助我们填写这份问卷，本调查问卷是想了解您对产品直播主播话术效果的评价。请您根据观看的资料进行回答，您的回答没有对错之分。该调查问卷是匿名的，不会影响您的个人隐私，您只需要按真实的想法来进行填写即可。十分感激您的帮助与配合！

第一部分 基本人员信息

1. 您的性别:
   A. 男　　　　　　　B. 女
2. 您的年龄段:
   A. 14 岁以下　　　　B. 15—21 岁　　　C. 22—35 岁
   D. 36—45 岁　　　　E. 46 岁以上
3. 您的月均消费水平:
   A. 1 000 元及以下　　B. 1 001—3 000 元
   C. 3 001—5 000 元　　D. 5 000 元及以上
4. 您目前的学历:
   A. 初中及以下　　　　B. 高中 / 职校
   C. 大学专科 / 本科　　D. 硕士研究生
   E. 博士研究生
5. 您的职业:
   A. 技术　　　　　　　B. 管理　　　　　　C. 员工
   D. 自由职业

第二部分 主播话术讲解材料

产品如下图所示,主播视频链接为 https://www.wenjuan.com/s/vYnIfuv/#

主播(说):

欢迎来到 TIMI 品牌官方直播间,来,宝宝们,先炸一波 TIMI,1 800 W 功率的电吹风,家庭必备,男女通用,到我直播间的必拍品。这款电吹风轻巧时尚,采用高速马达,每分钟转速达到 17 000 转,3 分钟快速吹干头发,大大节约您的时间,有高速 / 中速 / 低速三档吹风模式,采用热量均衡系

统，57度恒温不伤发，适用各种场合，无论在家还是出差均非常方便使用。产品具有1 000万负离子润发功能，可以独立冷风，吹发时噪声低而且防止电磁波辐射影响您的身体。手柄可折叠设计，便于收纳携带。6大安全保护，产品长时间工作发烫，温控器会自动断电，让您放心使用。防护式进风口设计，不会卷入您的头发造成危险，使您的秀发更安全，更有牡丹精油护发功能，使您的头发在快速吹干的同时得到滋养。两年内全国免费维修及终身保修，同类产品中风量、风速、噪音、温度等性能指标远超同行，是追求高性价比用户的最佳选择。

主播（问）：

大家知道中国农历七夕节又叫什么节吗？知道的宝宝在弹幕区留言哦，待会主播会抽取出幸运的宝宝并送上精美礼品！

观众（答）：

中国情人节！+1，+1，……

主播（说）：

对啦，马上就是中国情人节啦，我们在情人节期间将举办各种特惠促销活动，宝宝们一定要记得点击直播间左上角的优惠券再下单，今天在直播间炸一波大的，相比某宝某东，现在到手更加优惠，全国包邮，宝宝们觉得炸不炸？这是全年最便宜的购买时间点啦！宝宝们，七夕宠粉日，拼手速拼网速的时候到了，福利款，今天直播间宠粉只限前10名下单的宝宝才能享受，所以准备好手速去拍，来，倒计时3，2，1，运营上架，想要的宝宝点击小黄车就可以直接拍了。今天是各位宝宝薅羊毛的最好时间，10件抢完我们恢复日常售价，这样的优惠，千万不要错过，还犹豫什么呢？赶快拍吧！

第三部分　直播话术情景评分

请您根据以上观看这些直播视频时的真实感受进行

填写，选择相应的字母或数字即可（"1"代表"非常不同意"，"2"代表"一般不同意"，"3"代表"无法确定"，"4"代表"一般同意"，"5"代表"非常同意"）。

（一）甄别题项

6. 您了解电商直播中主播介绍的产品吗？

非常不了解	一般不了解	无法确定	一般了解	非常了解
1	2	3	4	5

7. 您购买过电商直播中主播介绍的产品吗？

   A. 买过　　　　　　B. 没买过

8. 您觉得电商直播中主播介绍的产品属于哪种类型？（功能品：解决具体问题；享受品：带来心情愉悦）

纯功能型	偏功能型	享受与功能程度相同	偏享受型	纯享受型
1	2	3	4	5

9. 您平时更喜欢电商直播中主播讲解哪方面的内容与用户进行交流？（可多选）

   A. 多讲功能　　　B. 多讲售后　　　C. 多讲品牌

   D. 多讲使用体会　E. 其他

10. 您觉得调查问卷中主播主要讲解哪方面内容与用户进行交流？（可多选）

   A. 讲解功能　　　B. 讲解售后　　　C. 讲解品牌

   D. 讲解使用体会　E. 其他

（二）主题测量题项

	非常不同意	比较不同意	一般	比较同意	非常同意
11. 刚刚的直播过程中，主播能够根据消费者的要求详细讲解产品	1	2	3	4	5

（续表）

	非常不同意	比较不同意	一般	比较同意	非常同意
12. 刚刚的直播过程中，主播介绍的商品的整体功能令人满意	1	2	3	4	5
13. 刚刚的直播过程中，根据消费者的问题主播会给出明确的产品使用建议	1	2	3	4	5
14. 刚刚的直播过程中，主播告诉了消费者产品的售后处理方式	1	2	3	4	5
15. 刚刚的直播过程中，主播能从消费者的利益出发，推荐适合的购买时机	1	2	3	4	5
16. 观看直播后，我对主播介绍的商品有了全面的了解	1	2	3	4	5
17. 观看直播后，我认为主播介绍的商品的整体质量是令人满意的	1	2	3	4	5
18. 观看直播后，我对主播介绍的商品有了更多的操作使用经验	1	2	3	4	5
19. 刚刚的直播过程中，主播与消费者交流品牌含义	1	2	3	4	5
20. 刚刚的直播过程中，主播与消费者交流了产品设计背后的故事	1	2	3	4	5
21. 刚刚的直播过程中，主播与消费者分享了自己的情感表达方式及心得	1	2	3	4	5
22. 刚刚的直播过程中，主播与消费者进行交流，指出了与消费者存在的共同点	1	2	3	4	5
23. 刚刚的直播过程中，主播友好地同大家开玩笑，谈论除工作之外的一些话题，包括个人的情况	1	2	3	4	5
24. 通过观看直播，我了解到了产品背后的故事，心情感到愉悦	1	2	3	4	5
25. 观看直播后，我更了解主播推荐的品牌	1	2	3	4	5
26. 观看直播后，我更了解该主播	1	2	3	4	5

（续表）

	非常不同意	比较不同意	一般	比较同意	非常同意
27. 观看直播后，我会考虑购买该商品	1	2	3	4	5
28. 观看直播后，我会向亲朋好友推荐该商品	1	2	3	4	5
29. 未来我会更多地通过观看电商直播来购买商品	1	2	3	4	5

再次感谢各位男神/女神！

致谢
THANK

四年研究的时光绚烂多彩，既有同行交流与思想碰撞启发，也有一份内心的安静与敬畏。"水静能鉴物，人静可观心"，读书让我们静下来，思考人生的价值与企业的意义，探索更未知的边界。通过学习研究，我掌握了做研究的原则、方法，并对自然规律怀着深深的敬畏，将一些以前随感而发的想法变得逻辑而有条理，分析日益严密，懂得了如何防止企业系统性风险，而且能在系统推进中找到更多机遇。

经营不能凭感觉决策，一切靠数据说话，须慎之又慎，要依据数据分析来验证结论。人们的常识来源往往只是经验性的推断，若想透过常识了解背后的真相，只有通过数据分析才能得来。当假设一个个被验证，我感到很快乐，但最让人兴奋的是有些假设没有得到验证，有点颠覆平时的常识认知，但仔细深入思考后才发现数据不会骗人，得到了意想不到的新发现与新结论。这也许就是学习研究的最大乐趣。在大家都能理解的常识外，有新的结论出来，让人打开了另外一扇窗，至少可以从另外一个角度思考这个新的结论，使我们认识到科学的结论是数据分析出来的，而不是凭感觉想象出来的。

我们以后在经营管理工作中，千万不能凭自以为正确的常识判断来指挥运作，而是需要耐心听完专家项目组的分析与建议后再做决策，避免不论证、不分析就瞎指挥、乱拍板，给企业带来巨大损失。就如这次对直播的分析，之前我们以为请最好的代言人、用最贵的达人明星带货就一定能卖好最贵的产品，但数据分析后告诉我们，在目前的环境条件下，直播平台主要是功能品好卖，我们如果"硬刚逆势"选享受品进行销售，也许会有一定成效，但同样的投入所取得的业绩会远不如功能品，事倍功半。难怪一些明星主播直播带货时也主要选择卖高性价比的快消产品，当时还觉得奇怪，这么大的明星卖这么便宜的东西，原来这是直播当前的特点所决定的。

学习的目的是"探索新的边界"，现在边界已打开，思路也将越来越宽。感谢所有的选择，感恩所有！

2022 年 11 月 29 日

图书在版编目(CIP)数据

直播营销话术对消费者购买意愿的影响/曾文礼著. —上海:复旦大学出版社,2024.1
ISBN 978-7-309-17086-3

Ⅰ.①直… Ⅱ.①曾… Ⅲ.①网络营销-影响-购买行为-研究 Ⅳ.①F713.55

中国国家版本馆 CIP 数据核字(2023)第 233492 号

直播营销话术对消费者购买意愿的影响
曾文礼 著
责任编辑/姜作达

复旦大学出版社有限公司出版发行
上海市国权路 579 号 邮编:200433
网址:fupnet@fudanpress.com http://www.fudanpress.com
门市零售:86-21-65102580 团体订购:86-21-65104505
出版部电话:86-21-65642845
上海华业装璜印刷厂有限公司

开本 787 毫米×960 毫米 1/16 印张 12.25 字数 200 千字
2024 年 1 月第 1 版
2024 年 1 月第 1 版第 1 次印刷

ISBN 978-7-309-17086-3/F·3014
定价:66.00 元

如有印装质量问题,请向复旦大学出版社有限公司出版部调换。
版权所有 侵权必究